信息化视阈下的精益生产管理研究

贺晓辉 著

东北师范大学出版社

长 春

图书在版编目（CIP）数据

信息化视阈下的精益生产管理研究 / 贺晓辉著. —
长春：东北师范大学出版社，2020. 12
ISBN 978 - 7 - 5681 - 7561 - 6

Ⅰ.①信… Ⅱ.①贺… Ⅲ.①制造工业—精益生产—
生产管理—信息化—研究—中国Ⅳ.①F426.4

中国版本图书馆 CIP 数据核字（2020）第 263176 号

□责任编辑：曲陆新　　□封面设计：优盛文化
□责任校对：刘兆辉　　□责任印制：许　冰

东北师范大学出版社出版发行
长春净月经济开发区金宝街 118 号（邮政编码：130117）
电话：0431—84568164
传真：0431—85691969
网址：http://www.nenup.com
东北师范大学音像出版社制版
定州启航印刷有限公司印装
河北省定州市西城区大奇连工业园
2020 年 12 月第 1 版　2021 年 1 月第 1 次印刷
幅面尺寸：170 mm×240 mm　印张 11　字数：245 千

定价：45.00 元

■ 前　言

近年来，制造业对社会发展的支撑作用得到了世界各国的重新认识，由此引发的对制造业的重新定位被写入了世界主要国家的发展战略。自 2008 年金融危机以来，欧美经济一落千丈，中国经济异军突起，已然成为世界经济增长的引擎，其根本原因就在于中国高速增长的工业实力。改革开放 40 多年来，我国制造业经历了前所未有的快速发展，为我国社会的发展做出了重要贡献，也为全世界创造了接近 1/4 的工业产值，使我国成为世界工厂。

自 2015 年大力推进两化融合以及颁布《中国制造 2025》以来，我国制造业面临产业结构调整以及国际经济形势日趋紧张的双重压力，在产业链底端的低端发展模式受到冲击。当我们开始重新审视我国制造业时，就会发现我国制造业存在着素质低、高投入、高浪费、高排放、效率低、管理落后、低端产品过剩、高端产品不足、模仿能力强而原创能力低等问题。我国正处于发展的初级阶段，制造业的发展落后于欧美等发达国家，并且在短时间无法缩小差距。在利用信息化技术促进产业变革的工业 4.0 时代，我国制造业必须抓住机遇，转型升级，优化资源配置，提高资源利用率，走内涵式发展道路。而作为一种可以有效提高企业经营效率的生产方式，精益生产可以说是我国制造企业未来发展的必然选择。《中国制造 2025》提出要推进信息化与工业化深度融合：加快推动新一代信息技术与制造技术融合发展，把智能制造作为两化深度融合的主攻方向；着力发展智能装备和智能产品，推进生产过程智能化，培育新型生产方式，全面提升企业研发、生产、管理和服务的智能化水平。这也要求企业在采用先进生产方式的同时加强信息化建设，并将先进的生产方式与信息化进行有机融合。

本书正是基于上述背景下撰写而成的，共分为七章。第一章简要介绍了在当今信息化的时代下中国制造业的发展概况；第二章对精益生产进行了阐述，包括精益生产的形成与发展、计划与控制、精益生产系统、国内外企业的精益生产实施情况及成果；第三章先对精益管理和精益思想进行了简要介绍，随后对几种常见的精益管理模式进行了概述；第四章则介绍了信息化视阈下的精益生产工具，即看板管理信息化、现场管理信息化，以及信息化视阈下精益生产工具的应用；第五章介绍了信息化视阈下的精益质量管理，包括精益质量管理的理论基础、基于信息化的精益质量管理，以及信息化视阈下精益质量管理体系的应用；第六章介绍了信息化视阈下的精益设备管理，包括精益设备管理的理论基础、精益设备管理的保障机制与应用、信息化视阈下的精益设备管理；第七章则介绍了信息化视阈下的精益生产绩效管理，包括精益生产绩效管理的理论基础、精益生产绩效指标体系、精益生产绩效评价体系以及信息化视阈下的精益生产绩效管理。

本书在撰写过程中参考和借鉴了部分专家、学者的研究成果和观点，在此表示最诚挚的感谢。另外，由于时间和精力有限，书中难免存在局限与差错，不足之处敬请指正。

▉ 目 录

■ 第一章

信息化视阈下中国制造业发展概况

第一节 中国制造业发展现状

制造业是将可用资源与能源通过制造过程转化为可供人们使用或利用的工业品或生活消费品的行业，它涉及国民经济的大量行业，如机械、电子、轻工、化工、食品、军工、航天等。作为支撑一个国家综合国力的基础产业、国民经济持续发展的基础，制造业已受到世界各先进国家的日益关注，并被视为国际竞争的前提和保证，其发展状况表明了一个国家和地区的经济实力和综合国力、人民的生活水平和生活质量、国防能力和社会发展程度。在 20 世纪，制造业给西方工业化国家带来了巨大的经济发展和市场繁荣。在这些国家中约有 25％的人口从事各种形式的制造活动，并有超过 70％的物质财富来自制造业。在进入 21 世纪后，发达国家仍然把制造业作为社会经济发展必不可少的基石，并将促进制造业发展作为推动整个国民经济发展的重要战略。就我国的情况来看，制造业也是改革开放以来带动中国经济高速增长的"发动机"。

一、中国制造业宏观环境分析

国家统计局公布 2018 年 3 月 PMI 指数（采购经理指数），3 月份制造业 PMI 最新数值为 51.5％，高于上月 1.2 个百分点，升至一季度高点（图 1 - 1）。其中，生产指数为 53.1％（图 1 - 2），新订单指数为 53.3％（图 1 - 3），原材料库存指数为 49.6％（图 1 - 4），生产经营活动预期指数为 58.7％（图 1 - 5）。制造业 PMI 指数回升速度快于我们此前预期（此前预计 3 月 PMI 指数或将继续下探，但仍位于枯荣线上方，随着企业复工及价格企稳，第 2 季度制造业 PMI 指数将企稳回升），制造业扩张提速，呈现稳中有升态势。

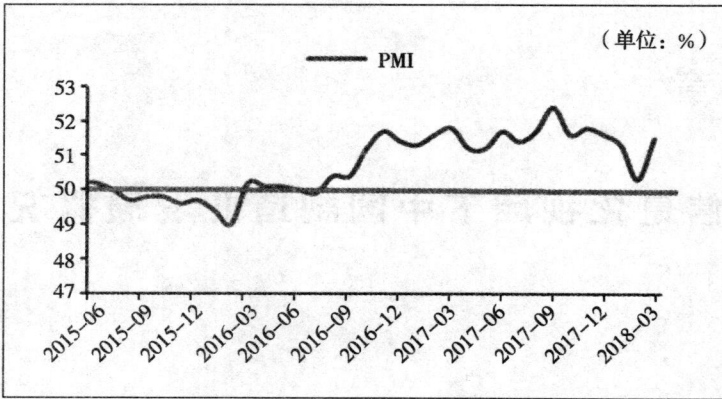

图 1 - 1　PMI 指数

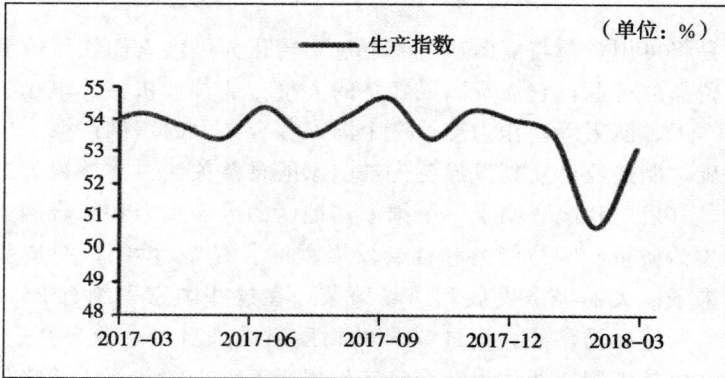

图 1 - 2　生产指数

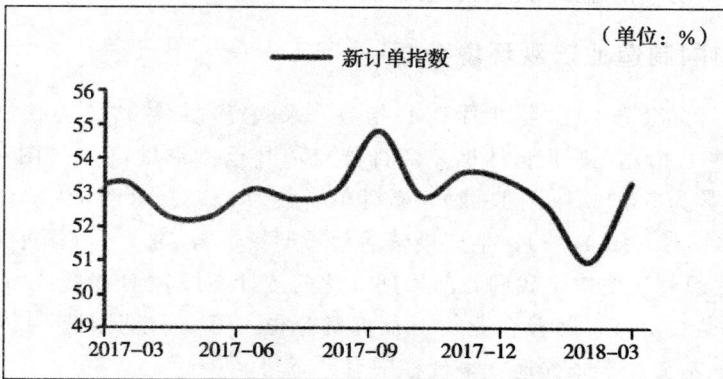

图 1 - 3　新订单指数

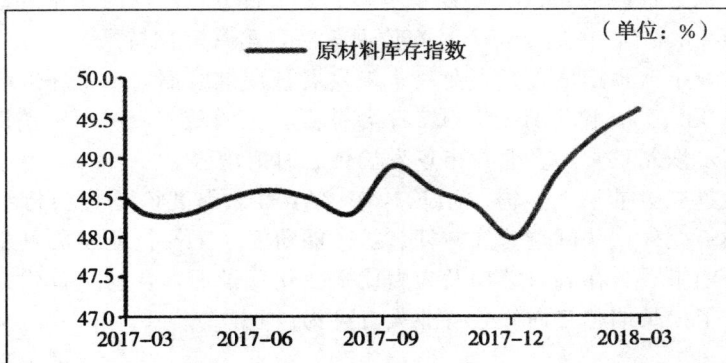

图 1 - 4　原材料库存指数

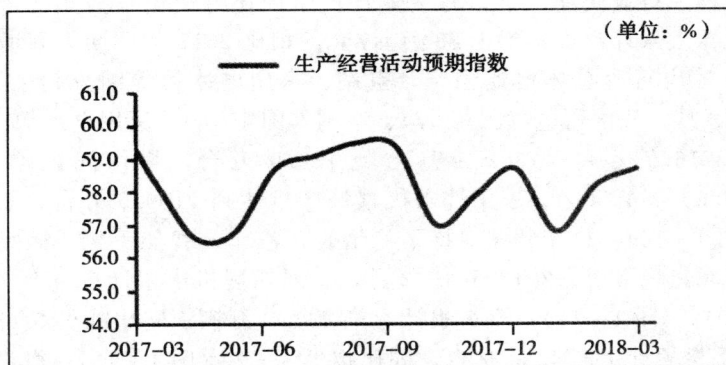

图 1 - 5　生产经营活动预期指数

生产需求扩张，供需更趋活跃。随着春节后企业集中开工，生产经营活动加快，生产指数和新订单指数分别为 53.1％和 53.3％，分别比上月上升 2.4 和 2.3 个百分点，且新订单指数连续两个月高于生产指数，制造业增长的内生动力不断增强。

外贸形势总体向好，进出口双双回升。新出口订单指数和进口指数分别比上月上升 2.3 和 1.5 个百分点，均为 51.3％，重回扩张区间，进出口活动更趋活跃。

产业结构优化升级，供给质量继续提升。2 月 PMI 指数点评中，虽然 2 月制造业 PMI 指数低于预期，但主要因春节及价格变化影响，关注制造业结构变化，关注装备制造及高技术制造高景气。3 月装备制造业 PMI 为 52.2％，环比提升 1.2 个百分点；高技术制造业 PMI 为 53.2％，相比 2 月数值 54％略有下降，但仍保持高位运行。这些数据表明随着供给侧结构性改革的不断深入，新动能培育加速推进，供给的质量进一步提升。

企业采购力度加大，购进价格指数走稳。在市场需求回升的带动下，企业备料增加，采购量指数为 53.0%，高于上月 2.2 个百分点。同时，主要原材料购进价格指数为 53.4%，在连续两个月高位回落后，本月环比持平。

关注企业生产预期增强。企业对未来发展预期继续看好。3 月生产经营活动预期指数为 58.7%，比上月上升 0.5 个百分点，表明随着春节因素消退，企业生产活动将逐步恢复正常，企业对市场发展信心有所增强。

制造业景气会带来工控需求增长，2018 年第 2 季度该趋势会持续，智能制造需求明确；此外，从制造业加杠杆、扩产能角度，工控行业发展具备中长期支撑；而从长期来看，在人口结构及人力成本变化背景下，自动化替代人工是必然发展方向，工控长期趋势向好，行业大有可为。

二、制造业重点行业产量数据分析

工业机器人行业快速发展，月度累计产量同比持续增长。2018 年 1—2 月，我国工业机器人累计产量达到 1.88 万台/套，相比 2017 年同期大幅增长 25.1%（图 1-6）。家电行业总体增速稳定，空调、家用电冰箱等细分领域增速较快。2018 年 1—2 月，我国彩电（图 1-7）、空调（图 1-8）、家用电冰箱（图 1-9）分别达到 2716.5 万台、2802.3 万台、1182.9 万台，累计同比增速分别为 25.5%、17.0%、4.50%。家用洗衣机累计产量达到 1100.6 万台，累计同比减少 1.1%（图 1-10）。机床领域保持平稳增长，汽车、智能手机、微型电子计算机、通信领域出现下滑。2018 年 1—2 月，金属切削机床累计产量 8.7 万台，同比增长 6.10%（图 1-11）；汽车累计生产 441.8 万辆，同比减少 5.0%（图 1-12）；智能手机累计生产 1.94 亿台，同比减少 3.4%（图 1-13）；微型电子计算机累计生产 3680.5 万台，同比减少 0.1%（图 1-14）；移动通信基站设备累计生产 4143.5 万信道，同比下滑 0.6%（图 1-15）。

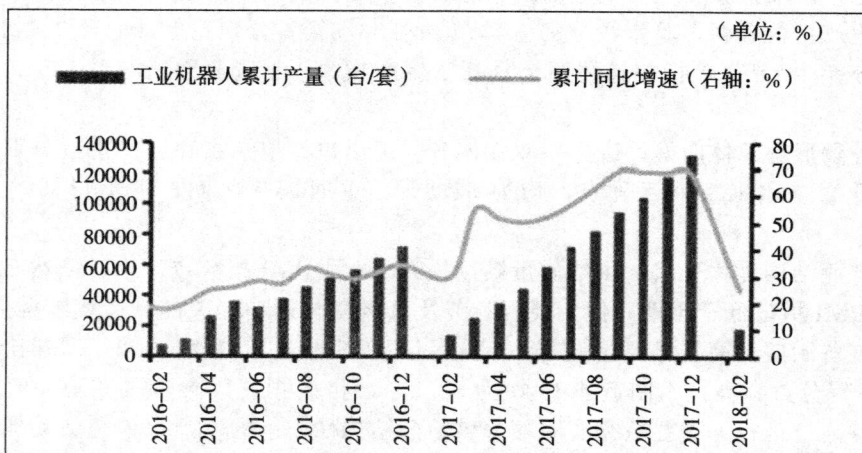

图 1-6　工业机器人累计产量及同比增速

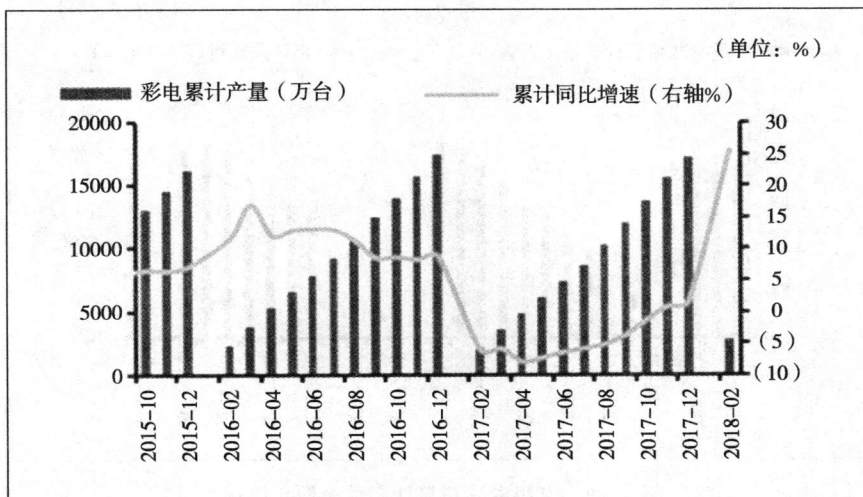

图 1-7　彩电累计产量及同比增速

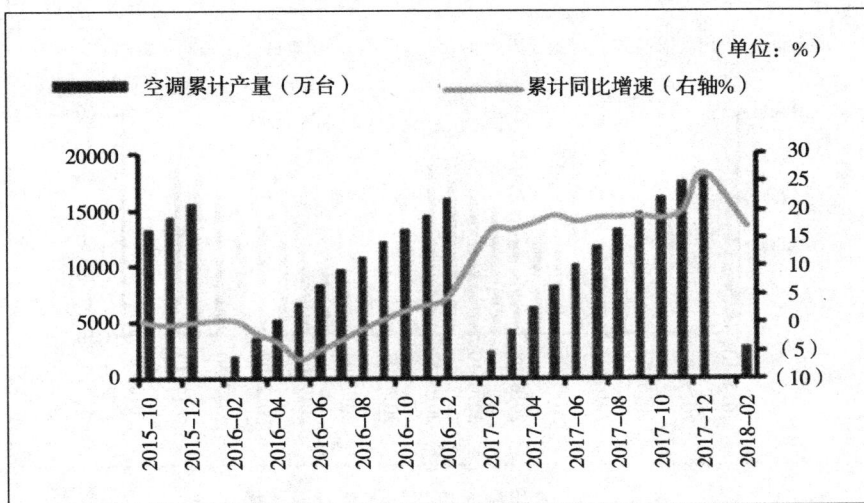

图 1-8　空调累计产量及同比增速

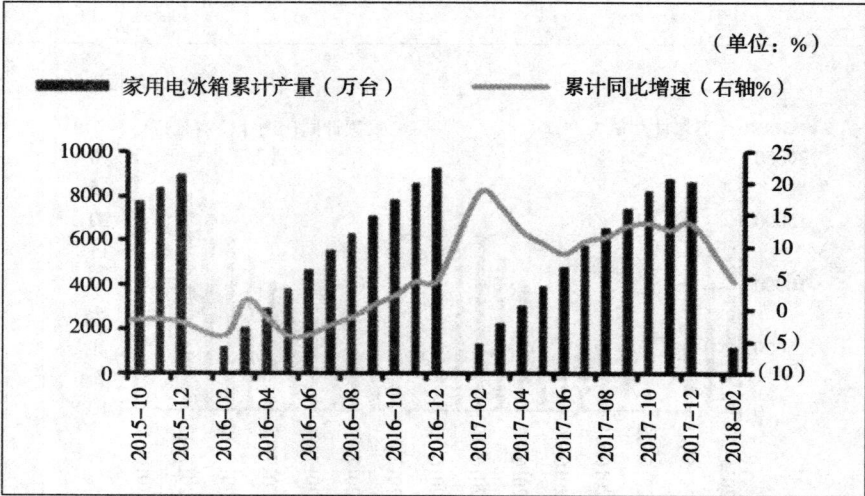

图1-9 家用电冰箱累计产量及同比增速

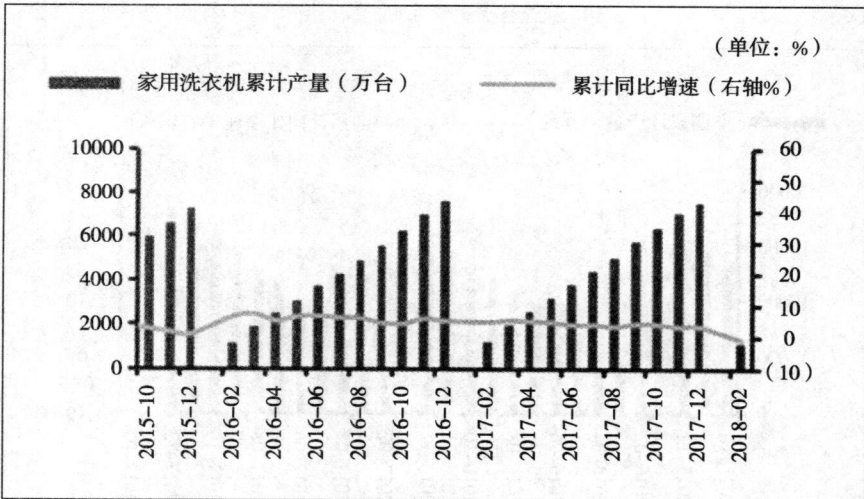

图1-10 家用洗衣机累计产量及同比增速

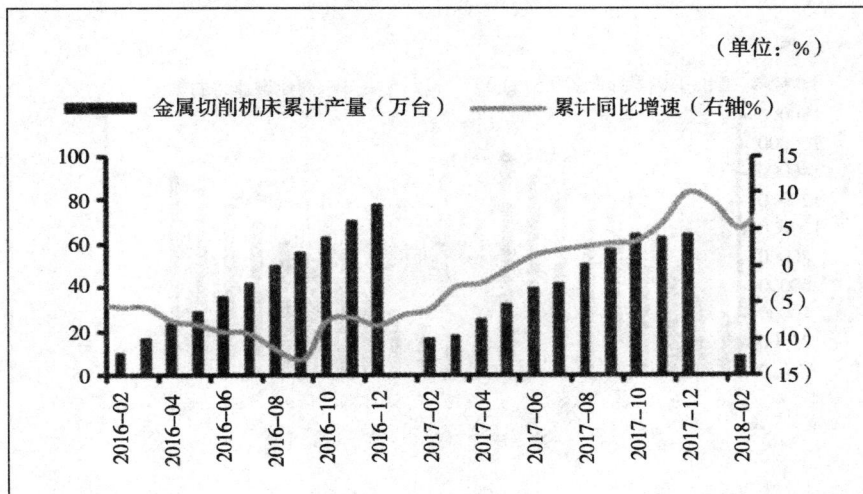

图 1-11　金属切削机床累计产量及同比增速

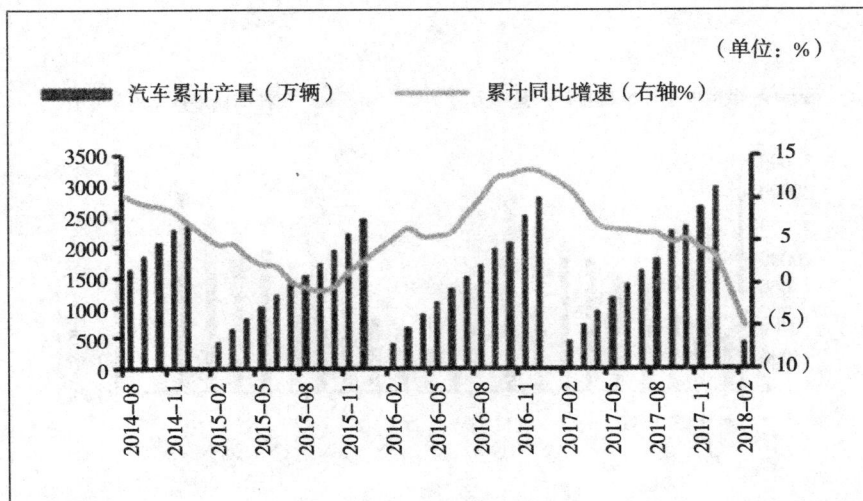

图 1-12　汽车累计产量及同比增速

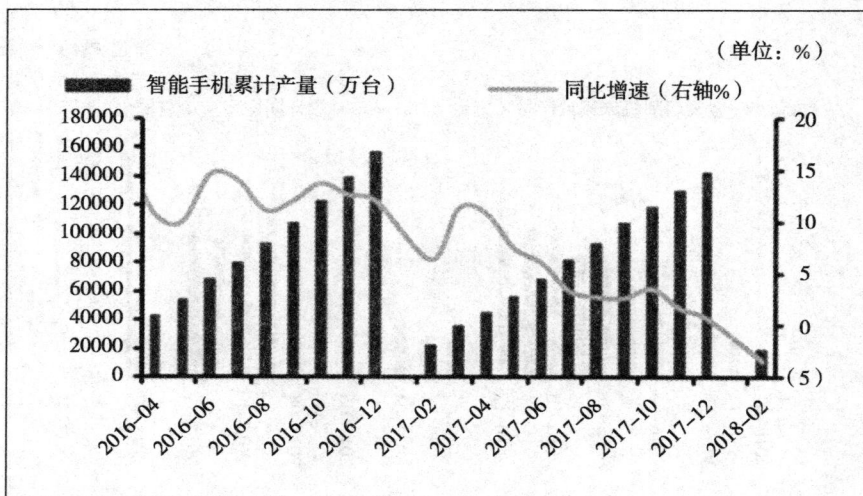

图 1-13　智能手机累计产量及同比增速

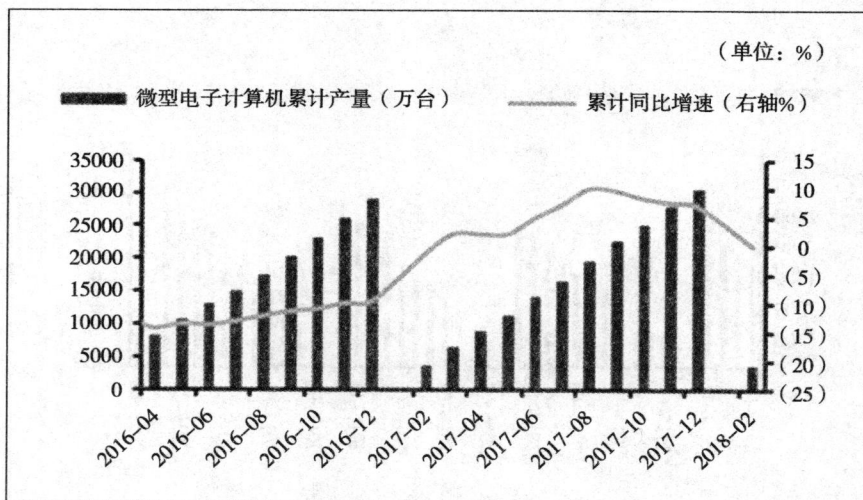

图 1-14　微型电子计算机累计产量及同比增速

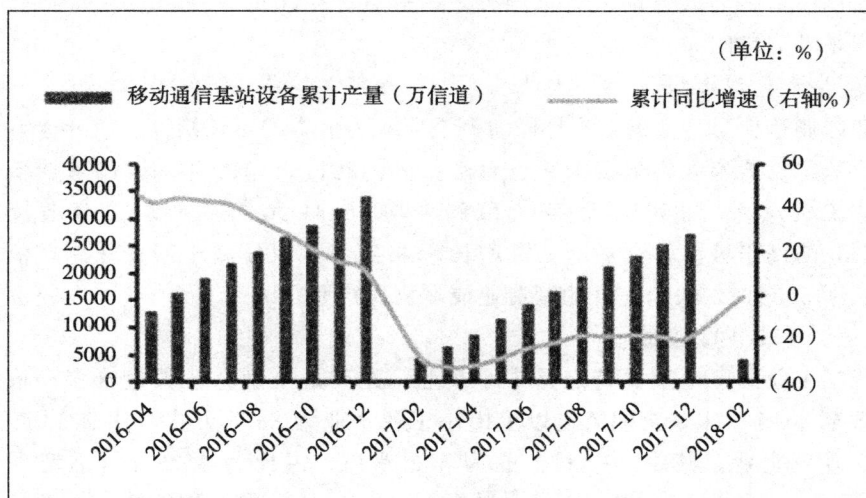

图 1-15 移动通信基站设备累计产量及同比增速

三、中国制造业发展现状

(一)信息技术匮乏

《中国制造2025》提出制造业是立国之本、兴国之器、强国之基。2016年,我国制造业总产值达21.62万亿元,占国内生产总值的29%以上,与2012年相比增长34%。过去五年来,国内制造业总产值以年均6%的复合增长率快速增长。

此外,中国制造业逐渐增强其海外影响力。早在2010年,我国制造业总产值在世界制造业总产值中就占比19.8%,超过美国的19.4%,成为世界第一制造业大国。2015年中国制造业在世界占比已达22%,稳居世界第一位置。随着我国经济和科研综合国力的增强,可以预见的是在未来中国制造业会在世界舞台上占据更重要的地位。

然而当前中国制造业"大而不强"的情况比较突出,其主要表现为核心技术缺乏,80%以上高端技术依靠从国外进口;产品附加值不高,利润低下;劳动生产率较低。根据数据,2010年美国制造业总产值仅仅比中国低0.4%,中国制造业从业人数为11444.5万人,而美国制造业只雇用了1150万名工人,约为中国的十分之一。生产、运营等各环节上我国工业企业信息化水平仍然较低,造成大量人力与财力资源的耗费。

与其他产业相比,工业企业整体信息化也是处于落后水平。数据显示,2016年中国工业软件市场规模为1247.3亿元,约为全球工业软件总产值3530亿美元的5%,远低于中国制造业19.8%的全球占比,以装备制造业为代表的高端工业软件研制中，90％以上都采用了国外大型软件，中国的工业信息化正在起步阶段，未来发展空间非常广阔。

（二）人力成本攀升

我国制造业总产值的上升伴随着制造业人力成本的迅速提高。近年来，随着国内形势的发展，人均工资水平也日渐提高。2011～2015 年间，制造业城镇单位平均工资从人均 36665 元/年上涨到人均 55324 元/年，年均复合增长率为 8.58％，略高于城镇单位平均工资增长率 8.21％，明显高于制造业总产值的复合增长率 5.96％，快速上升的制造业成本倒逼行业升级。

（三）中小企业数量多

我国工业的一个重要特点是中小企业，尤其是小型企业数量众多。根据报告，截至 2015 年末，全国规模以上中小工业企业为 36.5 万户，比 2014 年末增加 1.3 万户企业。其中，中型企业为 5.5 万户，占比为 15.2％；小型企业为 30.9 万户，占比为 84.8％。无论是从数量还是体量上看，我国的中小型工业企业都是我国工业的重要组成部分。

（四）协同生产催生"服务上云"需求

近年来，国内工业企业协同化的生产需求逐渐提高。随着中国综合国力的增强与近年"一带一路"建设的启动实施，结合物料、劳务成本等考虑，越来越多的工业企业前往海外投资设厂。2015 年，我国制造业实现对外投资 199.9 万美元，同比增长超过 100％；2016 年，非金融类企业实现对外投资 1701 亿美元，是 2012 年数额（772.2 亿美元）的一倍以上，对外投资的非金融类企业数量达 7961 家，比往年增加 21.88％。

云计算技术能够很好地满足协同生产的需求，资源与数据被储存于云端，按需取用，按需领取。传统的信息化解决方案受硬件设施所累，如需实现协同生产则需要建设 VPN 通道等连接手段，增加额外的负担与安全支出。工业云能连通海内外的工厂信息、数据、资源，甚至设备，使得系统内的工厂车间和管理分支能够进行真正意义上的协同生产。

（五）产品附加值不高

世界发达国家专注价值高端的技术和销售环节，优化资源耗费结构，实现集约化增长。我国制造业要打破经济发展恶性循环，要提高制造业附加值，摆脱处于价值链低端的困境，积极推进知识、人力和技术资本密集程度高的高端环节发展。

（六）能源消耗不合理

国家统计局数据显示，初步统计，2017 年原煤产量 34.5 亿吨（24.6 亿吨标准煤），同比增长 3.2％。原油产量 1.9 亿吨（2.7 亿吨标准煤），同比下降 4.0％。天然气产量 1474.2 亿立方米（1.96 亿吨标准煤），同比增长 8.5％。水电、核电、风电发电量 17485 亿千瓦时（6.6 亿吨标准煤）。2017 年能源生产结构中，原煤占比 68.6%，原油占比 7.6%，天然气占比 5.5%，水电、核电、风电等占比 18.3%。我国二氧化碳等化学物排放均居世界首位，雾霾、水污染、重金属排放超标，已成为威胁社会安全的公害。制造业是我国在世界产业链分工的主要部分，对自然资源需求量极大，而能源利用效率低、自然资源消耗过快对制造业发展产生的压力较大。

（七）信用体系不健全

社会信用体系建设是一个长期的过程，信用是市场经济的"基石"，作为市场主体的企业，其信用是社会信用体系的重要组成部分。党中央、国务院一直高度重视社会信用体系建设。当前社会信用的水平和质量与社会经济发展的需求还有一定的差距，信用体系不健全是我国经济发展的主要障碍。多种原因使违法违约行为不能得到有效的制裁，导致企业之间信任缺失，影响合作，阻碍商业交流。市场机制高效运行的前提是高度的人际合作，良好合作的基础是信任。治理违约和经济违法行为，构建和完善商业信用体系，是我国制造业可持续发展的重要保障。

随着新一轮科技革命与产业变革兴起，世界制造业竞争格局正在发生重大调整，智能制造已成为全球制造业竞争的战略制高点。发展于信息化时代的企业，正迎来最好的机会，也面临着最大的挑战。如何在强者林立的环境中实现自我的更高价值，是需要企业在发展的过程中一直思考的。此外，随着云计算、工业互联网等技术的发展，共享经济在制造业的渗透率逐步提升，参与企业不断增加，一些传统制造企业和互联网企业开始利用共享经济新模式探索打造制造业新生态。

四、中国智能制造行业发展趋势

我国规模以上制造业企业数量众多，涉及行业广泛，每年的产值规模和产值增速直接影响了国家的工业实力。随着信息化、智能化时代的到来，下游制造业对于工业 4.0 呈现出强烈的需求趋势，并且在汽车制造、家电制造以及电子产品制造领域初现成效，工业自动化生产以及信息管理系统在极大程度上提升了制造厂商的生产效率，降低了企业生产成本。由此可以看出，工业 4.0 在下游市场的应用效果非常显著，在未来，相信其会促使我国工业 4.0 行业得到进一步发展。

（一）工业自动化

作为工业 4.0 基础的工业自动化，在工业 4.0 战略中有着不可取代的作用。随着社会的不断进步和发展，工业自动化已成为现代先进工业科学的核心技术，不断地研究和探讨我国工业自动化的发展和战略方向，对我国工业化的发展有着极其深远的影响。不断改进工业自动化控制技术对于传统产业的改造、企业素质的提高和国家国力的增强是非常有效的途径。随着一系列工业自动化控制技术产业化专项的实施，基于信息化带来工业化的思想，将会使工业自动化技术得到更深入的发展，这对加快推动我国自动化产业结构优化升级有重大意义。

（二）工业互联网

工业互联网就是工业革命带来的机器、设施和系统网络与互联网革命带来的智能设备、智能网络和智能决策间的融合，其要素是智能设备、智能网络和智能决策，更强调传感器系统、大数据分析能力。以后制造环节互联网的应用将会给现有的生产方式带来颠覆性的变化。据国际权威机构测算，应用工业互联网后，企业的效率会提高大约20%，成本可以下降20%，节能减排可以下降10%左右。虽然目前工业互联网全面实现有困难，但是某些环节的突破是可以实现的，并且工业互联网将进一步带动智能装备、3D打印设备等发展。

（三）工业机器人

随着工业4.0战略的提出，智能化生产中工业机器人也受到越来越多的关注。从政策落实看，在"十二五"规划中，国家已经把工业机器人作为智能制造装备的重要部分，各地也陆续出台相关政策。机器人产业的发展与国家从"制造业大国"向"制造业强国"的转型相契合。

（四）3D打印

工业4.0四大主题之一的智能生产主要涉及整个企业的生产物流管理、人机互动以及3D技术在工业生产过程中的应用等。3D打印增材制造技术本身对设计—制造—应用环节将发生变革性影响。在传统制造业中，过去数十年的技术重心侧重于加工精度与效率，而目前加工技术在精度上已接近极限，继续提高的必要性和性价比开始进入瓶颈期，下一步升级的重点必然是设计、成型环节，以最终达到工业4.0的智能化生产状态。

（五）传感器

传感器是工业4.0时代的核心组件，传感器通过将物理信息转换为标准信号，反馈到网络物理系统（CPS），是未来工业4.0时代的核心基础技术。工业用传感器能够测量或感知特定物体的状态和变化，并将其转化为可传输、可处理、可存储的电子信号或其他形式信息。工业用传感器可实现工业自动检测和自动控制，在现代工业生产尤其是自动化生产过程中，要用各种传感器来监视和控制生产过程中的各个参数，使设备在正常状态或最佳状态工作，并使产品达到最好的质量。甚至可以说，没有众多质优价廉的工业传感器，就没有现代化工业的生产体系，更别谈工业4.0体系的构建了。

（六）智能机床

机床被称作"工业母机"，其发展程度决定着一个国家装备制造行业的整体水平，尤其在"中国制造"迈向"中国智造"和"中国创造"的当下，国内机床行业能否率先实现重大突破意义更加重大。

第二节　信息化概论

信息的传递和交流是人类生存的基本需求，改变和改进人类信息处理、传递和交流的方式也是人类为之孜孜不倦努力的方向之一。人类历史上曾经有过四次比较重要的、与信息和信息处理技术相关的技术革命，包括语言的产生，文字的创造，造纸术和印刷术的发明以及电报、电话和电视的发明。以数字计算技术和微处理技术为代表的现代信息技术的发明拉开了当代信息革命的序幕，并对人类社会产生了巨大影响。信息化是当今世界经济和社会发展的大趋势，是推动经济发展和社会变革的重要力量。大力推进国民经济和社会信息化，是促进生产力跨越式发展、增强综合国力和国际竞争力、维护国家安全的关键环节，也是推进区域经济发展，提高社会组织的管理决策能力和经营服务水平的战略措施。要提高信息化建设和应用水平，必须加强信息化管理。

一、信息化的含义

（一）有关信息化的多种观点

1967 年，日本政府的一个科学、技术、经济研究小组在研究经济发展问题时，比照"工业化"的概念，正式提出了"信息化"的概念。该小组认为，信息化社会是信息产业高度发达且在产业结构中占据优势的社会，其反映的是工业社会向信息社会前进的动态过程，反映了从有形的可触摸的物质产品起主导作用的社会到无形的难以触摸的信息产品起主导作用的社会的演化或转型。法国西蒙·诺拉和阿兰·孟克于 1978 年出版的《社会的信息化》一书对信息化概念的国际传播起了重要作用。该书探讨了计算机与远程通信紧密结合而产生的远程数据处理对社会发展的巨大影响，指出信息化是人类社会必然的发展趋势，并建议法国政府用国家政策来促进信息化。1986 年 2 月，中国科技促进发展研究中心等单位在北京联合发起召开了"首届中国信息化问题学术研讨会"，会议讨论了信息化的战略与政策、道路与发展模式、信息化与社会发展、信息化测度等问题，并编辑出版了论文集《信息化——历史的使命》一书。随着信息化实践的推进，人们对信息化概念的认识也在逐步深化和丰富，学术界从不同角度对信息化概念进行了论述，形成不同的观点。目前，关于信息化有以下几种理解。

1. 侧重于信息技术发展及其应用的"信息化"

这类观点从信息技术的角度出发，注重信息化的技术特征，强调信息技术的发展与应用。有学者认为，信息化就是要在人类社会的经济、文化和社会生活各个领域中广泛而普遍地采用信息技术。也有学者认为，信息化就是计算机化，或者再加上通信化。钟义信认为，信息化是指用现代信息技术武装国民经济各部门和各领域，极大地提高社会劳动生产率。

2. 立意于经济角度的"信息化"

这类观点从信息产业的成长和发展方面出发，强调信息产业在国民经济中的地位与作用。有学者认为，信息化是信息产业高度发达且在产业结构中占优势地位的社会——信息社会前进的过程，它反映了由可触摸的物质产品起主导作用向难以触摸的信息产品起主导作用的根本性改变。也有学者认为，信息化是生产特征转换和产业结构演进的动态过程，这个过程由以物质生产为主向以知识生产为主转换，由相对低效益的第一、二产业向相对高效益的第三、四产业演进。吴基传认为，信息化就是指社会经济结构从以物质与能量为重心向以信息与知识为重心转变的过程。李富强认为，信息化是指社会经济的发展从以物质和能量为经济结构的重心向以信息为经济结构的重心转变的过程，在这个过程中，不断地采用现代信息技术装备国民经济各部门和社会各领域，从而极大地提高了社会劳动生产率。也有人认为，信息化就是要加快国民经济各部门之间、部门内部及企业间的信息沟通与交流，促进企业技术改造，使企业的发展更适应新技术的发展和不断变化的市场需求，从而加快经济的运行节奏，促进经济发展。

3. 强调知识、信息利用的"信息化"

这类观点从信息资源的开发利用方面出发，从信息的收集、加工、传递角度界定信息化概念。有学者认为，信息化就是知识化，即人们受教育程度的提高及由此而引起的知识信息的生产率和吸收率的提高过程。也有学者认为，信息化即信息资源（包括知识）的空前普遍和空前高效率的开发、加工、传播和利用；人类的体力劳动和智力劳动获得空前的解放。

4. 突出信息、信息技术对社会经济影响的"信息化"

这类观点综合了以上各类观点，强调运用信息技术、开发信息资源及其对社会经济的影响。1997年，国务院信息化工作领导小组提出了国家信息化的定义。其认为国家信息化就是在国家统一规划和组织下，在农业、工业、科学技术、国防及社会生活各个方面应用现代信息技术，深入开发、广泛利用信息资源，加速实现国家现代化的进程。李京文认为，信息化是指在经济和社会活动中，通过普遍采用信息技术和电子信息设备，更有效地开发和利用信息资源，推动经济发展和社会进步，使信息经济增加值在国民生产总值中的比重逐步上升至占主导地位的过程。汪向东认为，信息化是指人们凭借现代电子信息技术手段，通过提高自身开发和利用信息资源的智能，推动经济发展、社会进步甚至人们生活方式变革的过程。

（二）信息化的内涵

我们认为，社会信息化就是在社会活动的各个方面广泛应用现代信息技术，充分开发和有效利用信息资源。

1. 广泛应用现代信息技术

现代信息技术的应用是信息化建设的主阵地。广泛应用现代信息技术主要是指现代信息技术的单独应用或综合应用,包括信息基础设施建设、采用计算机进行业务处理、实现办公自动化、建立和使用管理信息系统和决策支持系统等。

2. 充分开发与有效利用信息资源

信息资源利用是社会组织和个人获取信息资源并将其应用到工作和生活中去的信息活动。

社会组织和个人采用现代信息技术广泛而快速地获取所需要的信息资源,通过吸收信息资源的内容,从而改变信息结构和知识结构,优化各项工作和管理决策,创造新的信息产品或物质产品,更好地满足日益增长的社会物质与信息需求,这也是信息化的重要方面。

二、现代信息技术

(一) 现代信息技术的含义

信息技术是指用于管理、开发和利用信息资源,能够扩展人类信息器官功能的技术设备及其相应的使用方法与操作技能。现代信息技术是指在现代科学技术,尤其是微电子技术、激光技术和网络技术进步的基础上发展起来的电子信息技术设备及其相应的使用方法与操作技能。

(二) 现代信息技术的类型

现代信息技术是一种发展迅速且范围不断扩大的技术,如今,现代信息技术已发展成为一个由多种信息技术所组成的高新技术群。

按其技术特征不同,现代信息技术主要包括传感技术、计算机技术、通信技术、光盘技术等。

传感技术是信息技术中的"感觉器官",主要是利用光、压力、温度、气体、磁、放射线、光导纤维等传感装置,高精度、高效率地采集各种形式的信息。如卫星遥感技术、红外遥感技术、超声遥感技术、热敏、光敏、味敏、嗅敏传感器及各种智能传感系统等。

计算机技术是信息技术的"神经中枢"。计算机是由电子管、晶体管、集成电路等电子元件构成的复杂的电子装置,可以高质量、大容量、低成本地存储、处理和输出各种形式的信息。1946 年,美国宾夕法尼亚大学的科学家和工程师设计制造了世界上第一台电子计算机。计算机由硬件系统和软件系统两大部分组成。计算机的硬件系统是构成计算机系统的各种硬件设备的总称,由主机和外部设备两大部分组成。计算机指令的集合称为程序,程序和相应的有关文档构成了计算机软件。计算机通过软件接受输入的数据并进行处理,再输出给用户。计算机软件分为系统软件和应用软件两大类,系统软件是用来管理计算机中 CPU、存储器、通信连接及各种外部设备等所有系统资源的程序,其主要作用是管理和控制计算机系统的各个部分，使之协调运行，并为各种数据处理提供基础功能；应用软件是用来完成用户所要求的数据处理任务或实现用户特定功能的程序。

通信技术是信息技术中的"神经网络"，主要是通过现代通信设施来高速度、高保真、安全地传递声音、文字、图像、数字及其他形式的信息。人类一直在改进信息传播的方式，从原始社会人们利用手势、声音、火光等方式传播信息到语言的产生；从文字的出现到纸张、印刷术的发明；从电话、电报到电视的问世；从通信卫星上天到因特网建成，使人类社会信息传播发生深刻的变化，每次变化都是划时代的变革。

光盘技术是一种通过光学的方法读写数据的信息存储技术。光盘按其读写功能可分为只读式光盘、一次性光盘和可擦重写光盘三种类型。它不仅可以用于文字信息的存储，也可以用于声音和图像信息的存储，其优点是存储密度高、容量大、体积小、成本低，可以随机存取。缺点是配套设备较昂贵。

按其功能不同，现代信息技术可分为信息获取技术、信息处理技术、信息组织技术、信息存储技术、信息检索技术、信息传输技术、信息安全技术等。

信息获取技术是指延长人的感觉器官而收集信息的技术。它能把人的感觉器官不能准确感知或不能感知的信息转化为人能感知的信息，主要包括摄影技术、录音技术和遥感技术等。遥感技术是指从远距离高空及外层空间的各种运载工具即遥感平台上，利用各种传感器接收来自地球表面的各类电磁波，并对这些信息进行扫描和摄影、传输与处理，从而对地表各类事物和现象进行远距离探测和识别的现代综合技术。

信息处理技术，也称信息加工技术，是指对信息进行分类、排序、转换、比较、运算、分析、推理和检索等的技术。主要包括多媒体技术、人工智能技术等。多媒体技术是集文字、图像和声音于一体的信息处理技术。人工智能技术是用计算机模拟人处理信息的能力，使计算机能显示出人类智能行为的技术。

信息组织技术是指使零散、无序的信息实现有机联系和有序化的技术，主要包括数据库技术、超文本技术等。数据库技术是指建立、维护、利用数据库的技术，其实质是利用数据库管理系统对数据库进行管理。超文本技术是将零散的信息，通过节点和链组织成互相关联的网状结构的技术。

信息存储技术是指跨越时间保存信息的技术，主要包括数据压缩技术、磁存储技术和光学存储技术。数据压缩技术是对多媒体信息进行实时压缩和解压缩的技术。在未压缩的情况下，数字化的声音和图像数据量非常大，计算机处理费时，存储空间大，因此，必须对多媒体信息进行实时压缩和解压缩。磁存储技术主要用于录音机、录像机和计算机数据存储，有磁带、硬磁盘、软磁盘等。它的优点是存储量大、体积小、成本低，但要借助辅助设备才能使用。光学存储技术是一种通过光学的方法读写数据的存储技术。光盘可以方便地与计算机连接而用作外存储。

　　信息检索技术是在已建立的数据库和计算机网络中查找所需信息的技术，主要包括光盘检索技术、联机检索技术和网络信息检索技术等。光盘检索技术是利用计算机从购买的光盘数据库中查找所需的信息的技术。光盘检索的具体过程是将光盘数据库放在计算机的光盘驱动器或光盘塔（由多个光盘叠加而成，并配有接口卡设备）中，采用相应的检索策略，输入检索词，通过检索软件的运行从光盘中找到所需要的信息。联机检索技术是用户使用终端设备，运用一定的指令输入检索词和检索策略，通过通信网络连接联机信息中心的中央计算机，进行人机对话，通过检索软件的运行从联机信息中心的数据库中查找所需信息的技术。网络信息检索技术是利用计算机检索存在于互联网信息空间的各类网络信息资源的技术。目前网络信息检索技术主要有资源定位检索技术、超链接搜索技术、网络搜索引擎技术及通用信息检索技术。制约网络信息检索技术发展的瓶颈是图像音频视频检索、汉语自动切分、搜索引擎缺陷等。智能检索技术、知识检索技术、多媒体检索技术、新一代搜索引擎技术、自然语言检索技术和基于内容的检索技术是网络信息检索技术发展的核心与关键。

　　信息传输技术是指一切能使信息跨越空间而流动的技术，主要包括通信技术、计算机网络技术等。通信技术是通过适当的传输介质（如双绞线、同轴电缆、光导纤维、微波、通信卫星等）将数据信息从一台机器（可以是计算机、终端设备或其他任何通信设备）传送到另一台机器的技术。计算机网络技术是现代通信技术和计算机技术相结合的产物，是利用通信设备和线路将地理位置不同、功能独立的单个计算机和计算机设备互联起来，以功能完善的网络软件（即网络通信协议、信息交换方式及网络操作系统等）实现网络中资源共享和信息传递的技术。

　　信息安全技术是保障信息管理系统、信息网络及其信息自身的安全性的现代信息技术，主要包括访问控制技术、数据加密技术、安全认证技术、防病毒技术、防火墙技术等。访问控制技术用来控制用户对网络资源（文件、目录和设备）的访问，虽然用户已经登录进网络系统，但若没有授予他访问网络资源的某些权限，仍不能访问有关的文件、目录、设备。数据加密是增强网络信息安全的有效手段，它是利用某种加密算法，将信息明文变换成密文进行发送，使截取者无法破译，从而实现信息的安全传输。目前，常用的加密算法有对称密钥加密算法和公开密钥加密算法两种。在进行网络通信的过程中，信息交流双方身份的认证也是至关重要的一环，计算机网络中的认证主要包括数字签名、身份验证及数字证书。通常的防病毒技术可以分为病毒预防技术、病毒检测技术和病毒清除技术三种。防火墙技术是一种保护网络信息安全的技术。它利用一个或一组网络设备（计算机、路由器、计算机子网等），在内部网和外部网之间构造一个保护层屏障，检测所有的内外连接，限制外部网络对内部网络的非法访问或内部网络对外部网络的非法访问。

（三）现代信息技术的特点

1. 现代信息技术的高技术性

这就是说，现代信息技术是一种高技术。"高技术"一词在西方国家最早出现于 20 世纪 70 年代，目前国际上还没有统一的定义。不过，越来越多的人倾向于认为，高技术是指那些对一个国家或地区的经济、社会和军事有重大影响，能形成新兴产业的先进技术。这就对高技术赋予了双重的解释，即技术上是高端的，社会和经济意义是重大的。高技术同新兴技术和尖端技术不是同一概念。新兴技术和尖端技术一般只指技术本身，而高技术总是密切地同某些特定的产品或产业相联系。尖端技术是一种空间排列的概念，指在技术结构体系中处于顶端或最前沿的那一部分；新兴技术是一种时序排列的概念，指出现时间较短或相对于传统技术具有新质特征的技术；而高技术更强调它的功能和社会经济效益，具有更广泛的科技、经济、社会意义。高技术并不是只指某一单项的技术，而是一个技术群。目前国际上公认的高技术，包括电子信息技术、生物技术、新材料技术、新能源技术、空间技术、海洋开发技术等。

2. 现代信息技术的先进性

与传统信息技术相比，现代信息技术在性能上具有明显的先进性。现代信息技术的先进性主要表现为传递信息速度快、范围广、保真性能好；处理信息速度快、准确性高；存储信息密度高、容量大；显示信息图文声像并茂；能以更少的时间，完成更多的工作，取得更好的效果。

3. 现代信息技术更新的快速性

现代信息技术更新快、发展迅速。作为现代信息技术基础的微电子技术的发展是建立在晶体管原理之上的。1947 年美国贝尔实验室研究出了晶体管，20 世纪 50 年代出现了集成电路，60 年代初期集成电路达到小规模集成水平，60 年代中后期达到中规模集成水平，70 年代达到可在一个芯片上集成 20 多万个元件的大规模集成水平，80 年代达到了超大规模集成水平。20 世纪 50 年代，计算机技术的主要标志是编程计算，60 年代是数据处理，70 年代是计算机网络，80 年代是模式识别，90 年代是专家系统和人工智能。就通信技术而言，19 世纪 70 年代人类开始进入电气时代；1895 年波波夫和马可尼用他们发明的雷电指示器接收到雷电产生的电波，从而揭开了无线电通信的序幕；1957 年苏联发射了第一颗人造地球卫星，开拓了人类利用卫星通信的新时期；1976 年世界上安装了第一条实用化的光纤通信线路，此后光纤通信得到迅速发展；从 20 世纪 60 年代起，数字传输技术逐步兴起，由于计算机在通信中的应用，程控交换技术、网络通信技术迅速发展，80 年代兴起了综合应用计算机技术、光通信技术、数据交换技术、数字传输技术、分组交换技术和计算机网络技术等先进技术的综合业务数字网。

4．现代信息技术的高渗透性

现代信息技术的高渗透性主要表现在两个方面：一是不同现代信息技术之间的高渗透。不同信息技术之间可以相互渗透、相互结合，形成功能更加多样、性能更加优越的信息技术设施，如计算机技术、电视机技术、电话技术相结合，形成了三电一体的信息技术设备；多媒体技术、超文本技术结合，形成了超媒体技术；计算机技术和现代通信技术相结合，形成了计算机网络。二是现代信息技术对其他方面的高渗透。现代信息技术不仅能应用于信息管理和信息服务领域，而且能应用于工业、农业、交通运输、财政金融、科学研究、文化教育、文艺体育、行政管理、军事国防、家庭生活等各个方面。这表明现代信息技术具有强大的渗透力。

三、信息资源

（一）信息资源的含义

资源是指在自然界和人类社会中一切可以用来创造物质财富和精神财富且达到一定量的客观存在形态。国内外学者对信息资源有不同的理解。有人认为，信息资源是指未经人们开发加工的原始信息。如各种自然信息、机器信息和社会现象信息。这种理解把信息资源与人们常说的"矿产资源""海洋资源"等相对应。也有人认为，信息资源就是信息，包括各种信息，只是把信息当作一种资源来加以认识、开发和利用。钟义信就认为"信息资源包括各种各样的信息库"。还有人认为，信息资源是指与信息生产、利用等有关的一切资源，包括信息资料、信息人才、信息技术等。或者把信息资源看成信息活动中各种要素的总和（包括信息、人才、设备、技术等），这是对信息资源较为广义的理解。在较发达国家，对信息资源多数理解为信息资源是信息活动中各种要素的总和。我国大部分学者倾向于把信息资源理解为文字图像、声音等多种媒介和形式的信息。

我们认为，对信息资源可做广义和狭义理解。广义地说，信息资源是可以用于创造物质财富和精神财富的各种信息及其相应的人才和技术等，是与信息活动相关的资源的总称。狭义的信息资源是指可供人类用来创造财富的各种信息。本书所指的信息资源是狭义的信息资源。

（二）信息资源的类型

按其载体和存储方式不同，信息资源可划分为天然型信息资源、实物型信息资源、智力型信息资源、文献型信息资源和网络型信息资源。

天然型信息资源是以天然物质为载体的信息资源。天然型信息资源分布十分广泛，是没有经过人脑加工的信息资源，更新速度较慢。这种类型的信息资源是科学研究的原材料，科研人员，尤其是自然科学研究人员主要是通过对这种天然型信息资源进行加工来认识自然、认识世界。

实物型信息资源是指以人造物质产品为载体的信息资源，如新研制的产品的模型、样品等。实物型信息资源直观性与隐蔽性同在，真实可靠且不易失真，但传递和保存不便。实物型信息资源实质上是物质资源，人们一般利用其物质属性，但当人们利用其信息属性时，物质资源就成了实物型信息资源。

智力型信息资源是指以人脑为载体的信息资源。智力型信息资源的存储载体是人脑，传播载体是语言；内容较新颖，更新速度快；不便于保存且易失真；交流和传递范围有限。

文献型信息资源是指以纸张等传统介质和磁盘、光盘、胶卷等现代介质为载体的信息资源。文献型信息资源内容广泛，类型多样；质量较高，具有不同的加工深度；传递较方便，传播范围广；便于保存和利用。

网络型信息资源是一切投入互联网的电子化资源的总称，包括将原本相互独立、分布于不同地域的数据库、信息中心、图书馆等，由信息网络联结在一起的信息资源，以网络形式出版的信息资源（网络出版物），仅在网上交流的信息资源。网络型信息资源具有内容丰富、质量高低不一、数量大、增长快、传递速度快、可跨国界流动和传递等特点。

按其内容性质不同，信息资源可划分为政治信息资源、法律信息资源、科技信息资源、经济信息资源、管理信息资源等。

政治信息资源主要由政治制度、国内外政治态势、国家方针政策信息等构成。

法律信息资源主要由法律制度、法律体系、立法、司法和各种法规信息构成。

科技信息资源是与科学、技术的研究、开发、推广应用等有关的信息。

经济信息资源是指反映经济现象的各种有用信息的总和。其内容繁多，包括国家经济政策信息、社会生产力发展信息、国民经济比例与结构信息、生产经营信息、市场供求信息、金融信息等。

管理信息资源是各行业各层次管理与决策活动中形成的并对管理过程、效果等进行反映的信息。

（三）信息资源的特点

1. 精神形态与物质形态共存

一般经济资源，物质形态是其主要存在形式。信息资源指的是信息的语义内容，一般是精神形态的，但是，信息资源必须借助于物质载体而存在，即使是无形的信息资源也有其物质载体。比如，市场行情是一种信息内容，是精神形态的，但它的存在形式却是物质的，要么以纸张为载体而存在，要么以磁盘为载体而存在，要么以人的大脑为载体而存在，而纸张、磁盘、人的大脑都是物质的。市场行情在传播的过程中，必须借助于信道，比如声频、视频，这些信道同样是物质的。

2. 分布的广泛性与不均匀性共存

作为资源的信息无处不有，无处不在，信息资源的分布十分广泛。自然界的各种物质无时不在产生信息，信息资源存在于自然界的各个角落：社会的各个单位、个人都是信息源，都产生信息，也都存储和利用信息，可以说，人类社会充满了信息。

然而，信息资源分布又不是均匀的。一般来说，分布在社会机构中的信息资源多于分布在自然界和个人手中的信息资源；分布在城市的信息资源多于分布在乡村的信息资源；分布在专职信息机构的信息资源多于分布在非信息机构的信息资源；分布在发达国家的信息资源多于分布在发展中国家的信息资源。

3. 无限性与稀缺性的并存

信息的"储量"是无限的，永不枯竭的，而物质资源和能源不具备这种特性。物质资源在特定空间内的储量是有限的。信息资源呈现出不断丰富、不断增长的趋势，这是由于信息资源主要产生于人类的社会经济活动之中，而人类的社会经济活动是一个永不停歇的运动过程，信息也总是处在不断产生、不断积累的过程之中。

然而，信息资源在一定历史条件下相对于人们的特定需求来说又是稀缺的。在既定的时间和空间里，某一特定的个人或机构由于人力、物力、财力等因素的限制，其信息资源的拥有量总是有限的。人们对信息资源的需求越来越大，要求信息资源内容综合度越来越高，针对性越来越强，因而，满足人们某一特定信息需求的信息资源在质和量上表现出稀缺性。

4. 非消耗性与时效性并存

大部分物质资源的利用往往是一次性的，每用一次就要消耗一部分。信息资源则可以多次开发，反复使用，在开发与使用过程中，不仅不会被消耗掉，反而用之弥增，不断形成新的信息资源。

物质资源的利用虽然具有消耗性，但与其开发利用的时间关系不大，不会因为开发晚而利用价值变小，也不会因为开发利用的时滞而浪费，即便是太阳能，也能利用先进的科学技术与设备储存起来备用。但是，同一信息资源并不可以永久地被利用下去，随着时间的推移，信息资源会很快失去其利用价值，即信息资源具有时效性。

5. 可共享性与可选择性并存

在人类社会中，物质资源的利用表现为独占性，利用者之间是一种竞争关系。而信息资源的利用可使不同的利用者在同等程度上共享一份信息资源，信息资源是一种可共享性的资源。

信息资源的使用方向具有可选择性。同一信息资源可以作用于不同的对象，并产生多种不同作用效果，不同用户使用同一信息资源，可根据需要对信息资源的使用方向做出不同的选择。

第三节 工业信息化

信息化的外延相当丰富，涉及经济社会的各个方面、各个领域和各个层面。按社会活动领域划分，信息化分为经济信息化、管理信息化、教育信息化和生活信息化等。按层次范围划分，信息化分为微观信息化（即家庭信息化和社会组织信息化）、中观信息化（即行业信息化和区域信息化）和宏观信息化（即国家信息化和全球信息化）。

工业信息化是指在工业企业的研究开发、设计生产、市场营销、组织管理等方面，应用先进的信息技术，建设应用系统和网络，充分整合和广泛利用企业内外的信息资源，提高企业生产、经营和管理水平，增强企业竞争力的过程。工业信息化的内容主要包括以下方面。

一、产品设计信息化

产品设计信息化指将信息技术用于产品设计、工艺设计方面，即在网络和计算机辅助下通过产品数据模型，全面模拟产品的分析与设计过程。产品设计信息化集成了现代设计制造过程中的多项先进技术，包括计算机辅助设计（CAD）、计算机辅助工程分析（CAE）、计算机辅助工艺规划（CAPP）、网络协同设计（NCD）等。产品设计信息化能更新传统的设计思想，大大提高产品设计能力，缩短产品设计周期，降低产品的研发与设计成本，为开发新产品和新工艺创造有利条件，提高企业及其产品在市场上的竞争力。

（一）计算机辅助设计（CAD）

计算机辅助设计是利用计算机帮助设计人员进行设计。其特点是将人的创造能力和计算机的高速运算能力、巨大存储能力和逻辑判断能力结合起来。在工程设计中，带有创造性的设计、方案的构思、工作原理的拟定等需要发挥人的创造性思维能力，这些工作一般应由人来完成；非创造性且繁重的工作，如非常复杂的数学计算、多种设计方案的提出、综合分析比较与优化、工程图样及生产管理信息的输出等均可由计算机完成；设计人员对计算、处理的中间结果做出判断、修改，以便更有效地完成设计工作。

（二）计算机辅助工程分析（CAE）

计算机辅助工程分析泛指包括分析、计算和仿真在内的一切研发活动。CAE技术是计算机技术和工程分析技术相结合形成的新兴技术，CAE软件是由计算力学、计算数学、结构动力学、数字仿真技术、工程管理学与计算机技术相结合而形成的一种综合性、知识密集型信息产品。在近20年来市场需求的推动下，CAE技术有了长足的发展，它作为一项跨学科的数值模拟分析技术，越来越受到科技界和工程界的重视。随着 CAE 技术的不断成熟和 CAE 软件向高性能方面的发展，CAE 技术的应用范围不断扩大，不仅在汽车制造业、飞机制造业、板材加工成型、模具制造业得到了广泛的使用，而且在其他领域，如生物医学、建筑桥梁、冶金、电子产品制造及日用消费品的制造中都得到了应用。

（三）计算机辅助工艺规划（CAPP）

计算机辅助工艺规划是通过向计算机输入被加工零件的原始数据、加工条件和加工要求，由计算机自动地进行编码、编程直至最后输出经过优化的工艺规程卡片的过程。或者说，计算机辅助工艺规划是通过向计算机输入被加工零件的几何信息（形状、尺寸等）和工艺信息（材料、热处理、批量等），由计算机自动输出零件的工艺路线和工序内容等工艺文件的过程。这项工作需要有丰富生产经验的工程师进行复杂的规划，并借助计算机图形学、工程数据库及专家系统等计算机科学技术来实现。计算机辅助工艺规划常是联结计算机辅助设计（CAD）和计算机辅助制造（CAM）的桥梁。CAPP 可解决传统工艺过程设计中的许多问题，在现代制造业，如航空、航天、船舶、动力装备、电子机械、水利机械、武器装备、汽车、通用机械等领域都有广泛的应用。

（四）网络协同设计（NCD）

网络协同设计是借助于计算机及其网络技术对某一项工作进行协同设计，是计算机支持的协同工作（CSCW）的一个重要研究领域，也是利用分布在全球范围内的制造资源（制造设备、设计者的知识技巧和数据库等资源）实现动态联盟的一项关键技术。网络协同设计充分利用了网络资源共享、信息共享的优点，将协同设计系统的功能更充分地挖掘出来。人们利用网络协同设计系统可在虚拟的计算机网络环境下，共同协调与合作来完成设计任务。

二、生产制造信息化

生产制造信息化是指将信息技术用于产品的生产制造过程。在制造过程中采用信息技术，可以实现对制造过程的监控和管理，解决加工过程中的复杂问题，提高生产的精度和规模制造水平，实现制造过程的自动化和集成化。生产制造信息化的主要技术包括计算机辅助制造（CAM）、柔性制造系统（FMS）、分布式控制系统（DCS）、快速成型制造技术（RP）、虚拟制造（VM）、计算机集成制造系统（CIMS）等。

（一）计算机辅助制造（CAM）

计算机辅助制造是指利用计算机进行辅助加工、检测、装配、辅助生产等过程，其核心是计算机数字控制（简称数控）。1952 年美国麻省理工学院首先研制成数控铣床。数控的特征是由编码在穿孔纸带上的程序指令来控制机床，能根据加工要求，自动更换刀具，自动进行车、镗、铣、刨，进行复杂零件的加工，可达到要求的精度，保证加工零件的质量，减少废品率，降低成本，缩短生产周期，改善制造人员的工作条件。随着微型单板机的普及，在通常用的车床、刨床、铣床和镗床上，可以装上单板机，实现自动控制，改变传统的加工方式，提高加工效果。计算机辅助制造广泛应用于船舶、飞机和各种机械制造业，主要还是用在机械加工上。

（二）柔性制造系统（FMS）

柔性制造系统是由统一的信息控制系统、物料储运系统和一组数字控制加工设备组成，能适应加工对象变换的自动化机械制造系统。柔性制造系统的工艺基础是成组技术，它按照成组的加工对象确定工艺过程，选择相适应的数控加工设备和工件、工具等物料的储运系统，并由计算机进行控制，故能自动调整并实现一定范围内多种工件的成批高效生产（即具有"柔性"），并能及时地改变产品以满足市场需求。柔性制造系统由中央管理和控制计算机、物流控制装置、自动化仓库、无人输送台、制造单元、中央刀具库、夹具站、信息传输网络、随行工作台等组成。具有以成组技术为核心的对零件分析编组、以微型计算机为核心的编排作业计划、以加工中心为核心的自动换刀具和换工件、以托盘和运输系统为核心的工件存放与运输、以各种自动检测装置为核心的自动测量与保护等功能。

（三）分布式控制系统（DCS）

分布式控制系统是由多台计算机分别控制生产过程中多个控制回路，同时可集中获取数据、集中管理和集中控制的自动控制系统。分布式控制系统采用微处理机分别控制各个回路，而用中小型工业控制计算机或高性能的微处理机实施上一级的控制。各回路之间和上下级之间通过高速数据通道交换信息。分布式控制系统具有数据获取、直接数字控制、人机交互及监控和管理等功能。分布式控制系统是在计算机监督控制系统、直接数字控制系统和计算机多级控制系统的基础上发展起来的，是生产过程中一种比较完善的控制与管理系统。在分布式控制系统中，按地区把微处理机安装在测量装置与控制执行机构附近，使控制功能尽可能分散，管理功能相对集中。这种分散化的控制方式能改善控制的可靠性，不会由于计算机的故障而使整个系统失去控制。当管理级发生故障时，过程控制级（控制回路）仍具有独立控制能力，个别控制回路发生故障时也不致影响全局。与计算机多级控制系统相比，分布式控制系统结构更加灵活、布局更为合理，成本更低。

（四）快速成型制造技术（RP）

快速成型制造技术是国际上新开发的一项高科技成果，简称快速成型技术。它的核心技术是计算机技术和材料技术。快速成型技术摒弃了传统的机械加工方法，根据 CAD 生成的零件几何信息，控制三维数控成型系统，通过激光束或其他方法将材料堆积而形成零件。用这种方法成型，无须进行费时、耗资的模具或专用工具的设计和机械加工，极大地提高了生产效率和制造柔性。在铸造生产中，模板、芯盒、压蜡型、压铸模等的制造往往是靠机械加工的办法，有时还需要钳工进行修整，费时耗资，而且精度不高。特别是对于一些形状复杂的薄壁铸件，如飞机发动机的叶片、船用螺旋桨、汽车缸体与缸盖等，其模具的制造更是一个老大难的问题。虽然一些大型企业的铸造厂也进口了一些数控机床、仿型铣等高级设备，但除了设备价格昂贵之外，模具加工的周期也很长，而且由于没有很好的软件系统支持，机床的编程也很困难。面对今天世界上经济市场的竞争，产品的更新换代日益加快，铸造模具加工的现状很难适应当前的形势，而快速成型制造技术的出现为解决这个问题提供了一条颇具前景的新路。

（五）虚拟制造（VM）

虚拟制造是综合运用仿真、建模、虚拟现实等技术，提供三维可视交互环境，对从产品概念产生、设计到制造全过程进行模拟实现，以期在真实制造之前，预估产品的功能及可制造性，获取产品的实现方法。其基本思想是将制造企业的一切活动，如设计过程、加工过程、装配过程、生产管理、企业管理等建立与现实系统完全相同的计算机模型（虚拟系统），然后利用该模型运行整个企业的一切活动并进行参数的调整，在求得最佳运行参数后再进行最终的实际制造活动，以确保整个运行都处于最佳状态，即可使新产品开发一次就获得成功。虚拟制造对提高产品质量、降低产品成本、缩短设计制造周期、改进设计运行状态都起着十分重要的作用。

（六）计算机集成制造系统（CIMS）

计算机集成制造系统是借助于计算机技术，综合运用现代管理技术、制造技术、系统工程技术，把分散在产品设计制造过程中各种孤立的自动化子系统有机地集成起来，形成适用于多品种、小批量生产，实现整体效益的集成化和智能化制造系统。集成化反映了自动化的广度，它把系统的范围扩展到了市场预测、产品设计、加工制造、检验、销售及售后服务等的全过程。智能化则体现了自动化的深度，它不仅涉及物资流控制的传统体力劳动自动化，还包括信息流控制的脑力劳动的自动化。CIMS 是自动化程度不同的多个子系统的集成，如管理信息系统（MIS）、制造资源计划系统（MRPII）、计算机辅助设计系统（CAD）、计算机辅助工艺设计系统（CAPP）、计算机辅助制造系统（CAM）、柔性制造系统（FMS），以及数控机床（NC，CNC）、机器人等。

三、企业管理信息化

企业管理信息化是指采用现代信息技术建立信息管理系统，把企业的设计、采购、生产、制造、财务、营销、经营、管理等各个环节集成起来，共享信息资源，从而达到降低库存、提高生产效能、保证产品质量、快速应变的目的。主要应用层面包括管理信息系统（MIS）、决策支持系统（DSS）、供应链管理（SCM）系统、客户关系管理（CRM）系统、企业资源计划（ERP）系统等。

（一）管理信息系统（MIS）

管理信息系统是一个由人、计算机等组成的能进行信息的收集、传送、存储、维护和使用的系统。MIS 是一个人机结合的辅助管理系统。管理和决策的主体是人，计算机系统只是工具和辅助设备，主要应用于结构化问题的解决；主要考虑完成例行的信息处理业务，包括数据输入、存储、加工、输出、生产和销售的统计等；以高速度低成本完成数据的处理业务，追求系统处理问题的效率。一个企业的管理信息系统主要有以下几个子系统：一是库存管理子系统，其功能包括对库存的控制、库存台账的管理、订货计划的制订和仓库自身管理等；二是生产管理子系统，其功能包括物料需求计划的制订、生产计划的安排、生产调度和日常生产数据的管理分析等；三是人事管理子系统，其功能包括人员的档案管理、人员考勤情况管理、人员各种保险基金的管理和人员培训计划的制订等；四是财务管理子系统，其功能包括财务账目管理、生产经营成本管理、财务状况分析和财务计划的制订等；五是销售管理子系统，其功能包括销售计划的制订、销售状况分析、顾客信息的管理和销售合同的管理等。

（二）决策支持系统（DSS）

决策支持系统是以管理科学、运筹学、控制论和行为科学为基础，以计算机技术、仿真技术和信息技术为手段，针对半结构化的决策问题，支持决策活动的具有智能作用的人机系统。该系统能够为决策者提供决策所需的数据、信息和背景材料，帮助明确决策目标和进行问题的识别，建立或修改决策模型，提供各种备选方案，并且对各种方案进行评价和优选，通过人机交互功能进行分析、比较和判断，为正确决策提供必要的支持。决策支持系统基本结构主要由数据部分、模型部分、推理部分和人机交互部分 4 个部分组成。数据部分是一个数据库系统；模型部分包括模型库及其管理系统；推理部分由知识库、知识库管理系统和推理机组成；人机交互部分是决策支持系统的人机交互界面，用以接收和检验用户请求，调用系统内部功能软件为决策服务，使模型运行、数据调用和知识推理达到有机的统一，有效地解决决策问题。

（三）供应链管理（SCM）系统

供应链是由供应商、制造商、仓库、配送中心和渠道商等构成的物流网络。供应链管理，就是指在满足一定的客户服务水平的条件下，为了使整个供应链系统成本达到最小，而把供应商、制造商、仓库、配送中心和渠道商等有效地组织在一起来进行产品制造、转运、分销及销售的管理方法。供应链管理系统是一个以客户订单为驱动的供应链管理软件。该系统综合了供应链上的客户与订单、产品定义、生产计划、供应商、采购、合同、生产物流、库存、销售、配送、运输与财务核算等环节，不但使企业内部供应链保持流畅和优化，产生最大效益，而且与客户及供应商之间通过互联网实现了供应链的衔接；通过对客户、供应商、产品、物料和企业资源的科学定义和控制，在客户订单的驱动下，可进行各种仓储、运输、审批及结算作业。

（四）客户关系管理（CRM）系统

客户关系管理是一套先进的管理模式，其实施要取得成功，必须有强大的技术和工具支持，CRM 系统是实施客户关系管理必不可少的一套技术和工具集成支持平台。CRM 系统基于网络、通信、计算机等信息技术，能实现企业前台、后台不同职能部门的无缝连接，能够协助管理者更好地完成客户关系管理的两项基本任务：识别和保持有价值客户。企业 CRM 系统由客户信息管理、销售过程自动化、营销自动化、客户服务与支持管理、客户分析系统五大主要功能模块组成。

（五）企业资源计划（ERP）系统

企业资源计划系统是指建立在信息技术基础上，以系统化的管理思想为企业提供决策运行手段的管理平台，是将企业所有资源进行整合集成管理的信息系统。ERP 系统集信息技术与先进管理思想于一身，对改善企业的业务流程、提高核心竞争力具有显著的作用。ERP 系统体现的管理思想是，最大化地发挥企业的资源效益，在少占用资源的情况下实现最大化的产出目标。ERP 系统是一项系统管理工程，它通过数据共享，连接了企业的各个部门，从而提高企业的整体运作效率。从采购、库存到应付款，从销售、库存到应收款，从物料清单、车间生产到成本，从销售预测、生产计划平衡到物料需求，这种流程管理取代了原来孤立的职能管理，消除了无效的管理环节，减少了不增值的活动，堵塞了管理漏洞，实现了业务流程标准化和规范化，提高了企业的运作效率和收益。

四、企业营销信息化

企业营销信息化就是应用现代信息技术整合企业营销活动的各个环节，建立现代营销信息系统，开展网络营销，通过对企业内外营销信息资源的深入开发，实现企业内、外部营销信息的共享和有效利用，不断提高企业营销管理水平和提升企业竞争能力。企业营销信息化的重要体现就是开展网络营销。网络营销不仅使传统的营销组合有了新的内容，而且网络营销的方式具有多样性，企业可以根据自身情况灵活选择或组合使用。

第四节　中国制造业与信息化

一、中国制造业信息化现状

制造业信息化是指制造业企业将信息技术、自动化技术、现代管理技术与制造技术相结合，从而改善制造业企业的经营、管理、产品开发和生产等各个环节，以此带动产品设计方法和设计工具的创新、管理模式的创新、制造技术的创新，从而实现产品制造和企业管理的信息化、生产过程的智能化、制造装备的数控化，进而全面提升制造业的竞争力。

（一）中国制造业信息化的投资规模

计世资讯（CCW Research）《2014 年中国制造行业信息化建设与 IT 应用趋势研究报告》的数据表明，2013 年制造业信息化投入达到 619.5 亿元人民币，较 2012 年同比增长 0.8%；2014 年投入达到 633.1 亿元人民币，较 2013 年同比增长 2.2%。

2013 年，工业和信息化部（简称工信部）制定实施了"两化"融合专项行动计划——《信息化和工业化深度融合专项行动计划（2013—2018 年）》，启动编制企业"两化"融合管理体系标准。2014 年伊始，中央成立了中央网络安全和信息化领导小组，构架顶层指导协调机构。2014 年，工信部发布了"两化"融合管理体系基本要求和实施指南，完成国家标准立项，推动形成国际标准，并在各省市和重点行业选择 500 家企业开展贯彻标准试点，争取 2014 年内 200 家以上的试点企业基本达到标准要求，鼓励各地更广泛地发动企业参与贯标达标。在上述政策的推动下，随着广大工业企业，尤其是制造业企业"两化"融合步伐的加快，2015 年制造业信息化将带动新一轮投资增长。

（二）中国制造业信息化发展面临的问题

我国制造业信息化发展面临的问题主要表现在以下几个方面：

（1）信息化技术水平与支撑制造业国际化竞争的需求还有一定距离。我国制造业信息化技术水平不高，尚不能有效支撑制造业企业参与国际化竞争以及在全球资源配置中取得有利地位。

（2）集成应用水平制约着企业业务能力的提升。我国企业信息化的应用主要停留在单元技术的应用或集成技术的初级应用上，信息化孤岛现象严重，与设计制造全面集成和经营管理一体化还有较大差距。

（3）公共服务平台建设尚处在初创阶段。我国公共信息服务平台还不能支撑广大中小企业的信息化，平台建设的成功模式不多，需要进一步培育、壮大和支持面向制造业的公共服务平台和专业化的服务能力。

（4）具有自主知识产权的软件产品研发与产业化遇到巨大的挑战。我国软件产品受到国外同类产品的挑战，发展道路艰难坎坷；产品开发水平仍停留在单项技术软件产品或工具集的开发上，产品稳定性差，尚不具备集成平台与综合系统的开发能力。

（5）中介机构技术服务能力不强。我国相当一部分中介服务机构仅能提供人员培训、软硬件推介、网站内容发布等初级服务，缺乏系统集成商。

二、信息化与工业化深度融合

制造业是我国国民经济的支柱之一，是提高我国工业化水平的关键。世界经济发展日新月异，面对国内外复杂的经济形势、日趋激烈的竞争市场，传统制造业的生产模式与产业结构日趋落后，制造业转型升级迫在眉睫，制造业企业信息化则成为当前制造业转型升级的必由之路。

从世界范围的发展潮流来看，信息化是全球制造业的发展趋势。发达国家的制造业在20世纪80年代就基本实现了信息化。美国、德国和日本等一些主要发达国家，目前都在大力推进制造业信息化，以维持自己在世界分工中的有利地位，信息化已经成为发达国家之间竞争的有力手段。

我国制造业要想转型升级，就要顺应国际大趋势，朝着全球化、精益化、专业化、服务化、绿色化和智能化方向发展，实现节能减排和服务型制造，"两化"融合的新型工业化道路是唯一途径。这是一条坚持以信息化带动工业化，以工业化促进信息化，信息含量高、经济效益好、资源消耗低、环境污染少、人力资源优势得到充分发挥的工业化道路。

发展制造业要顺应潮流，大力推进制造业信息化，提高制造业整体素质和竞争力，才能加快实现我国从制造业大国向制造业强国的转变。唯有通过制造业信息化才能使我国的制造业脱离"夕阳产业"的命运，用"两化"融合的深度发展，实现新型工业化，保持我国制造业在国际市场中的竞争力。

2011年4月6日，工业和信息化部、科学技术部等五个部门以工信部联信〔2011〕160号印发《关于加快推进信息化与工业化深度融合的若干意见》。文件以科学发展为主题，以加快转变经济发展方式为主线，坚持信息化带动工业化、工业化促进信息化，重点围绕改造提升传统产业，着力推动制造业信息技术的集成应用，着力用信息技术促进生产性服务业发展，着力提高信息产业支撑融合发展的能力，加快走新型工业化道路步伐，促进工业结构整体优化升级。

信息化与工业化主要在技术、产品、业务、产业四个方面进行融合。也就是说，"两化"融合包括技术融合、产品融合、业务融合、产业衍生四个方面。

技术融合是指工业技术与信息技术的融合，产生新的技术，推动技术创新。例如，汽车制造技术和电子技术融合产生的汽车电子技术，工业和计算机控制技术融合产生的工业控制技术。

产品融合是指电子信息技术或产品渗透到产品中，增加产品的技术含量。例如，普通机床加上数控系统之后就变成了数控机床，传统家电采用智能化技术之后就变成了智能家电，普通飞机模型增加控制芯片之后就变成了遥控飞机。信息技术含量的提高使产品的附加值大大提高。

业务融合是指信息技术应用到企业研发设计、生产制造、经营管理、市场营销等各个环节，推动企业业务创新和管理升级。例如，计算机管理方式改变了传统手工台账，极大地提高了管理效率；信息技术应用提高了生产自动化、智能化程度，生产效率大大提高；网络营销成为一种新的市场营销方式，受众大量增加，营销成本大大降低。

产业衍生是指"两化"融合可以催生出的新产业，形成一些新兴业态，如工业电子、工业软件、工业信息服务业。工业电子包括机械电子、汽车电子、船舶电子、航空电子等；工业软件包括工业设计软件、工业控制软件等；工业信息服务业包括工业企业 B2B 电子商务、工业原材料或半成品大宗交易、工业企业信息化咨询等。

三、"工业 4.0"对中国制造业的影响

"工业 4.0"是德国政府在 2013 年提出的新概念，已经在全球引发了广泛的讨论。"工业 4.0"的实质是信息物联网和服务互联网与制造业的融合创新，通过物联网、信息通信技术与大数据分析，把不同设备通过数据交互连接到一起，让工厂内部甚至工厂之间成为一个整体，形成制造的智能化。

德国"工业 4.0"项目分为两大主题：一是"智能工厂"，重点研究智能化生产系统及过程，以及网络化分布式生产设施的实现；二是"智能生产"，主要涉及整个企业的生产物流管理、人机互动，以及 3D 打印技术在工业生产过程中的应用等。按设想，未来工业生产形式会大规模生产高度个性化产品，强调顾客与业务伙伴对业务过程和价值创造过程的参与；物联网、服务网以及数据网将取代传统封闭性的制造系统，成为未来工业的基础。"工业 4.0"希望通过智能工厂与智能生产的建设，实现制造模式的变革。其体现的先进技术包括物联网、信息技术、大数据处理技术，与个性化产品制造所需的技术十分相似。可以说，智能工厂已经为制造业大规模定制生产做好了准备。

有数据显示，我国沿海地区劳动力综合成本已经与美国本土部分地区接近。随着人口红利的消失，制造业人工成本上升和新一代劳动力就业意愿的下降，我国制造业的国际竞争力将面临重大危机。推进工业化和信息化融合，抢先进入"工业 4.0"时代，保持我国制造业的竞争力，已经是必须选择的命题。

2014 年 10 月，李克强总理访问德国期间签订了"工业 4.0"战略合作框架。这意味着我国要在工业化与信息化同步发展的战略中更快地促进两者的融合。在 2014 年的智能制造国际会议上，工业和信息化部部长苗圩提出的"打造中国制造业升级版"引发广泛关注。苗圩认为，以信息化实现工业化的"升级"，关键在于两点：一是深入实施创新驱动发展战略。重点是通过长期的基础研究，突破如智能机器人核心部件、高端芯片、新型显示、关键电子元器件等关键技术、共性技术，并将这些科技成果转化成现实的生产力。二是推进信息化和工业化的深度融合。例如，制定信息技术改造提升传统产业的管理体系和技术体系的"国标"，用互联网思维推动物联网、大数据、云计算技术在工业领域的应用，推进

制造方式、销售和服务模式的互联网化等。

四、物联网与制造业信息化

物联网就是"物物相连的互联网"。它有两层意思：物联网的核心和基础仍然是互联网，是在互联网基础上的延伸和扩展的网络；其用户端延伸和扩展到任何物体之间，进行信息交换和通信。因此，物联网是把传感器网络以及 Rfid（Radio Frequency Identification，射频识别）等感知技术、通信网与互联网的技术、智能运算技术等融为一体，实现以全面感知、可靠传送、智能处理为特性的连接物理世界网络。物联网可以帮助人们把人类社会跟物理世界更好地结合起来，提升人们认知世界和处理复杂问题的能力。

物联网在制造业信息化的进程中有着极其重要的作用。从信息化的角度看，物联网扩展了传统的企业信息化程度，延伸了传统的互联网。制造业是一个比较特殊的行业：一方面，它需要大量的人员和生产设备来支撑其生产；另一方面，它会生产出许多实实在在的产品。因此，物联网的应用对于制造业的信息化显得更加有意义。物联网的发展将极大地促进制造业信息化的发展。

（一）生产自动化

生产自动化是将物联网技术融入制造过程的各个环节，借助模拟专家的智能活动，取代或延伸制造环境中人的部分手工和脑力劳动，以达到最佳生产状态。通过应用整合信息系统、人机界面设备（PLC 触摸屏）、数控机床、机器人、PDA（Personal Digital Assistant，掌上电脑）、条码采集器、传感器、I/O（Input/Output，输入/输出）、DCS（Distributed Control System，分布式控制系统）、RFID、LED 生产看板等多类软硬件的综合智能化系统，实现布置在生产现场的专用设备对从原材料上线到成品入库的生产过程进行实时数据采集和监控。同时，智能制造系统实时接受来自 ERP 系统的工单、BOM（Bill of Material，物料清单）、流程、库存、制造指令等信息，同时把生产方法、人员指令、制造指令等下达给作业人员、设备等控制层，再实时把生产结果、人员反馈、设备操作状态与结果、库存状况、质量状况等动态地反馈给决策层。

（二）管理精细化

管理精细化是以 RFID 等物联网技术应用为重点，提高企业包括产品设计、生产制造、采购、市场开拓、销售和服务支持等环节的智能化水平，从而极大地提高管理水平。将 RFID 技术应用于每件产品上，即可实现整个生产、销售过程的可追溯管理。在工厂车间的每一道工序都设有一个 RFID 读写器，并配备相应的中间件系统，接入互联网。这样，在半成品的装配、加工、转运以及成品加工、转运和包装过程中，当产品流转到某个生产环节的 RFID 读写器时，RFID 读写器在有效的读取范围内就会检测到编码的存在。EPC（Electronic Product Code，电子产品编码）将成为产品的唯一标识。以此编码为索引，就能实时地在

RFID 系统网络中查询和更新产品的数据信息。有了这样的平台，生产操作员和公司管理人员在办公室里就可以对整个生产现场和流通环节进行有效的监控，实现动态、高效管理。

（三）供应链管理

制造业企业的供应链系统包括原材料的采购和产成品的销售，这期间，物品要经过仓储、运输和交付等若干环节。因此，建立以制造业企业为中心的，包含上、下游厂商的物联网系统非常重要。它将实现上、下游企业的紧密联合，使整个供应链上的物品得到全程跟踪，上、下游企业的生产信息得到充分利用。

五、中国制造 2025

《中国制造 2025》是中国版的"工业 4.0"规划。规划经前国务院总理李克强签批，由国务院于 2015 年 5 月公布。规划提出了中国制造业强国建设三个 10 年的"三步走"战略，这是第一个 10 年的行动纲领。

我国规划用 10 年的时间，迈入制造业强国行列。到 2020 年基本实现工业化，制造业大国地位进一步巩固，制造业信息化水平大幅度提升；掌握一批重点领域关键核心技术，优势领域竞争力进一步增强，产品质量有较大提高；制造业数字化、网络化、智能化取得明显进展；重点行业单位工业增加值能耗、物耗及污染物排放明显下降。到 2025 年，制造业整体素质大幅度提升，创新能力显著增强，全员劳动生产率明显提高，"两化"融合迈上新台阶；重点行业单位工业增加值能耗、物耗及污染物排放方式达到世界先进水平；形成一批具有较强国际竞争力的跨国公司和产业集群，在全球产业分工和价值链中的地位明显提升。

规划提出要突进信息化与工业化深度融合；加快推动新一代信息技术与制造技术融合发展，把智能制造作为"两化"深度融合的主攻方向，全面提升企业研发、生产、管理和服务的智能化水平。

为迎接来自全球的挑战，信息化建设成为企业提高自身管理水平、增强自身竞争能力的必需手段和过程。制造业信息化对于我国从一个制造业大国走向制造业强国，具有重要的理论和现实意义。

六、现代作业车间设备运行状态信息化

（一）现代作业车间及其特点

随着制造业的竞争加剧及对制造运行过程要求的提高，对作业车间的运行过程优化的要求也不断提高。目前，对作业车间的优化运行目标除经济目标外，也逐渐包括了环境影响最小化和资源消耗最小化的绿色制造要求等目标，从而形成了新的"现代作业车间"的概念，其目标是使作业车间的制造过程进度快、质量好、成本低、资源消耗低、环境影响小，最终使得经济效益和社会效益协调优化。

　　定义：现代作业车间是一种先进的作业车间制造系统，是以"快速、优质、高效、低成本、低能耗和无害环境"的综合优化运行目标为诉求，以提高作业车间优化运行水平、提升制造业企业的竞争能力为导向，利用先进制造技术、信息技术、管理技术、环境技术和系统科学等多学科交叉技术来实现作业车间制造过程优化运行的一种先进车间制造系统。

　　现代作业车间的运行目标包括"快速、优质、高效、低成本、低能耗、无害环境"。它们并非简单抽象的概念，而是实际存在的目标信息，但这几个目标信息不同于普通的、直接的信息实体，而是由目标决策、优化及评价需要的直接信息构成的综合信息实体对象，每个信息实体对象由多个信息因素组成。

　　传统作业车间制造系统大多强调时间、质量、成本等经济运行目标，而对作业车间绿色制造目标重视不够。将时间、质量、成本等目标同经济效益直接挂钩，经济效益是车间运行与企业存在与发展的基本条件，但新的日益全球化的竞争环境赋予了作业车间运行取得满意经济效益较过去更加多样化的途径。现代作业车间优化运行协调优化强调经济效益与社会效益，因为经济效益与社会效益之间存在着有机的联系：

　　①作为经济再生产过程的社会环境资源的再生产过程的先决条件，社会环境资源的再生产过程对社会经济再生产过程具有约束作用并受其影响。资源的消耗及环境质量状态是相互关联的。

　　②环境具有有限的自净能力和资源再生能力，如果社会经济活动产生的环境污染以及对资源和能源的消耗与环境承载能力相协调，就能充分地利用环境的自净能力与环境资源再生能力，达到环境与经济的协调发展。

　　例如，近两年影响全球的"毒苹果"事件就说明以代工为主的制造业企业在日益全球化的竞争及监督环境下，无法再单纯追求经济效益目标而置环境破坏、过度消耗资源及员工福利等于不顾，而必须关注环境影响、资源消耗及员工健康等。因此，现代作业车间的概念的提出具有非常重要的理论和应用价值，为制造业企业的可持续发展指明了方向。

　　（二）现代作业车间设备运行状态信息构成

　　现代作业车间制造活动是一种需求和效益利益驱动的过程，从信息的角度看又是信息驱动和信息密集型的信息过程，因此，作业车间生产制造活动具有信息性；制造过程的信息性是制造活动的基本属性之一，而作为作业车间制造活动的主体——制造设备，其运行状态信息是一种重要的制造信息内容。

　　1. 现代作业车间设备运行状态信息维的研究方法

　　制造设备是制造企业重要的制造资源，现代作业车间设备运行状态的好坏直接影响车间生产任务的质量和进度，是制约作业车间生产的重要因素。目前制造企业对车间设备运行状态信息的维护主要是根据制造资源建模方法对制造设备信息进行建模管理。例如，CIM-OSA（一个开放体系结构，属于一种商用软件）则可以从能力集和资源两方面对设备等资源进行建模，从设备组织结构、设备资源能力以及产品研制状态等不同角度对各种车间设备运行状态进行分析；其他还包括基于STEP的资源模型、基于动静态属性的设备层次模型、多视图制造系统模型等等。

通过对相关研究的分析可以发现，目前缺乏统一的面向设备运行的信息模型，导致设备运行状态信息分散。而与设备运行相关的建模研究内容中，则以面向资源或设备维护等方面的设备静态信息模型为主，涉及动态信息建模的则较少或过于简单。其无法通过对生产设备运行状态的实时数据采集和关键绩效指标的计算指导生产决策。并且目前车间设备运行状态的维护大多还处在以信息分散、手工录入、信息不及时等为特点的较落后的水平。

为了实现车间设备的优化利用、提高设备状态信息的实时性，使制造企业经济效益和可持续发展效益协调最大化，设备运行状态信息模型在内容上应能够满足各应用环节的需求；在性能上可以保证车间制造资源信息的完备性、一致性和及时性；在结构上应具有相对的独立性和目标层次性。

2. 现代作业车间设备运行状态信息的维度模型

现代作业车间的设备运行状态信息的维护及管理是以现代作业车间的优化运行为目标的。本书针对作业车间制造过程"快速、优质、高效、低成本、低能耗和无害环境"综合运行目标与设备运行状态信息的关联，提出了对设备运行状态信息按目标需求进行维度分类，即将设备运行状态信息的维度划分与优化目标需求相结合，使设备运行状态信息与作业车间优化运行目标相互支撑。由此将设备运行状态信息分为基础状态信息维（加工单元状态信息维）、进度状态信息维、物流状态信息维、能耗状态信息维、环境状态信息维和质量状态信息维，如图1 - 16所示。

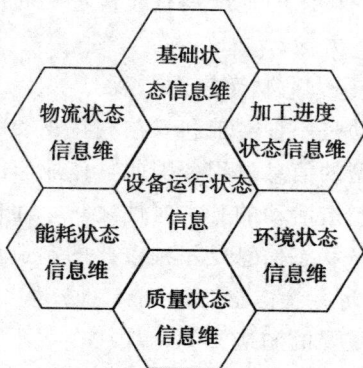

图1 - 16　现代作业车间设备运行状态六维度模型

设备运行状态各维度信息都包含动态信息和静态信息，各信息维度的含义如下：

① 设备基础状态信息维：描述设备相关的基本信息，包括设备描述信息、设备布局信息、设备参数信息、设备能力信息、设备辅助信息及设备维护信息等。

② 设备物流状态信息维：物流信息是制造企业生产运营过程中最普遍的一类信息，企业通过对物流对象的加工、存储、运输，把原料转化为产品并获得效益。面向设备加工过程的运行状态信息也包含局部的物料、人员、辅助材料等的流动，掌握设备运行过程物流信息结构及过程状态信息，可以优化设备物料、人员流动过程，提高设备运行效率，进而提高车间运行效率。

③ 设备的加工进度状态信息维：对车间优化运行的"快速"优化目标有重要支撑作用，没有设备加工进度信息，车间的生产进度控制和调度过程的优化就无法完成。车间在管理多台设备进行加工时，需要随时掌握加工进度，以便在一些预定的工步后，对工件加工质量进行检测；而管理人员也需要及时掌握生产任务的完成情况，并与生产计划进行比较以监督生产的过程并进行调整。这对于确保加工任务的按时按需完成，辅助时间的缩短，生产管理及调度过程的优化，机床利用率的提高具有重要的意义。

④ 设备能耗状态信息维：对车间设备能耗状况进行在线监控是降低车间能耗的关键技术，离散制造车间具有能耗消耗量大、能量利用率低的特点。以机床为例，中国的机床保有量约 800 万台，以每台机床平均功率 10 千瓦计算，总额定功率在 8000 万千瓦，约是三峡电站总装机容量 2250 万千瓦的 3.5 倍，相关研究又表明机床一类设备能量利用率却很低（金属切削机床能量利用率＝分离材料的切削能耗/输入机床电机的总能耗），平均低于 30％。美国麻省理工学院的研究表明，一台大型机械加工生产线用于加工的能量消耗甚至仅占总能量消耗的 14.8％，而车间其他设备及辅助系统如空压机、环境设备、照明设备等的能耗也非常巨大。离散作业车间设备量大面广、能耗巨大且能量利用率低，作业车间的节能减排不仅具有巨大的经济效益，而且可以降低高能耗对环境带来的负面影响。通过分析和研究车间能耗状态信息，获取设备的能耗状态和能耗规律，包括能量利用率、能耗效率等信息，有助于实现制造企业节能减排的目标。

⑤ 设备环境状态信息维：设备的加工过程是产品生命周期中直接消耗资源和产生环境污染的重要阶段。促进产品制造过程的环境友好性是制造企业实施节能减排及绿色制造的重要内容之一。为了减少制造过程的环境影响，提高制造过程的环境友好性，促进节能减排在产品加工阶段的实施，必须对设备运行过程的资源与环境影响进行定量的描述及状态监测，才能进一步对环境友好性进行分析和评估，进而改进制造企业的生产过程。

⑥ 设备质量状态信息维：设备加工质量是影响制造企业经济效益的重要问题之一，由加工质量问题引起的资源浪费及效益损失非常惊人。例如，我国制造业水平与发达国家相比处在规模巨大但水平低下的状态，产业的效率和效益较低，对环境的负面影响大，每年因质量问题造成的损失可达数千亿元。因此，提高产品加工质量是制造企业的重点研究内容。

在六个信息维度中，设备基本信息与每个优化目标相关，另外，由于现代作业车间制造过程与成本有关的主要信息都包括在上述六个信息维中，因此与车间优化运行的"低成本"目标相关的成本信息没有单独作为一个维度考虑。

3. 现代作业车间设备运行状态信息各维度的组成

（1）设备基本信息维度

设备基本信息主要由设备描述信息、设备布局信息、设备功能信息、设备辅助信息等多个设备信息子类组成。

设备描述信息包括设备名称、设备编号、设备制造商、设备类别信息、设备数控信息等。其中设备数控信息描述设备与数控相关的信息内容，包括数控系统的类型、数控代码格式、联动轴数、数控设备接口等。设备类别又分为标准设备和非标准设备，标准设备包括加工设备、动力设备、环境设备、控制设备等等，而加工设备又分为机床设备、剪切设备、焊接设备、线切割设备等。

设备布局信息是在作业车间生产环境下，设计人员根据生产目标确定制造系统中各设备的布置形式和位置、布局类型、布局方法、约束信息、有效期限等。设备布局方法通常分为静态布局和动态布局。设备布局信息在一段时间内通常是固定的，尤其是在按工艺专业化原则建立的作业车间里。但是企业为了对多变的环境做出响应，就要在产品功能、数量、所需技术和品种等改变的基础上，重新布局或者调整系统结构。因此从长远来看，设备的布局也是动态变化的，但相对而言其动态性远不如设备加工任务、设备加工状态等信息的变化性。

设备功能信息表示与设备制造功能相关的技术属性，即一台设备所能加工零件特征的性能范围。设备制造功能特征可分为两大类：管理特征和功能特征。管理特征描述与设备管理有关的所有信息。功能特征描述设备所具备的加工能力的所有信息。根据其是否特殊，功能特征可分为常规功能特征和特殊功能特征两大类，常规功能特征体现设备所具备的常规加工能力，特殊功能特征是指由于采用了特殊的夹具、刀具或者对机床进行了改造而使设备所具备的特殊加工能力，如一旧车床改装的钻偏心深孔的加工能力就属此类。

设备辅助信息包括工具状态信息、夹具状态信息、人员状态信息、设备维护信息等，如图 1 - 17。

```
                                  ┌─ 设备编号 ─┐     ┌─ 数控类型信息 ─┐
                                  ├─ 设备名称 ─┤     ├─ 数控代码格式 ─┤
              ┌─ 设备描述信息 ─┼─ 设备数控信息 ─┼─ 联动轴数 ─┤                        ┌─ 机床设备 ─┐
              │                   ├─ 设备制造商 ─┤     └─ 数控设备接口 ─┐   ┌─ 加工设备 ─┼─ 剪切设备 ─┤
              │                   └─ 设备分类 ─┬─ 标准设备 ─┤            ├─ 动力设备 ─┼─ 焊接设备 ─┤
              │                                └─ 非标准设备 ─┘          ├─ 环境设备 ─┼─ 线切割设备 ─┘
              │                                                          └─ 控制设备 ─┘
   设         │
   备         │                   ┌─ 布置形式和位置 ─┐   ┌─ 网状布局 ─┐     ┌─ 直线型 ─┐
   基         │                   ├─ 布局类型 ─┼─ 线性布局 ─┤     ├─ 环形 ─┤
   本  ───────┼─ 设备布局信息 ─┼─ 约束信息 ─┤                        ├─ 驼形 ─┤
   信         │                   ├─ 布局方法 ─┬─ 静态布局 ─┤     └─ U型 ─┘
   息         │                   └─ 有效期限 ─┴─ 动态布局 ─┘
   维         │
   度         │                   ┌─ 加工范围 ─┐   ┌─ 加工材料信息 ─┐
              │                   ├─ 定位精度 ─┼─ 加工零件约束 ─┤
              ├─ 设备功能信息 ─┼─ 尺寸精度 ─┼─ 加工形状特征 ─┤
              │                   └─ 工作台范围 ─┴─ 切削用量信息 ─┘     ┌─ 设备的维护时间 ─┐
              │                                                         ├─ 维护频率 ─┤
              │                   ┌─ 设备维护信息 ─┐  ┌─ 设备维护计划 ─┴─ 维护人员 ─┘
              └─ 设备辅助信息 ─┼─ 工具状态信息 ─┼─ 设备维护状态 ─┐
                                  ├─ 夹具状态信息 ─┤                    ┌─ 检修计划信息 ─┐
                                  └─ 人员状态信息 ─┴─ 设备故障信息 ─┼─ 设备检测信息 ─┤
                                                                       └─ 备件管理信息 ─┘
```

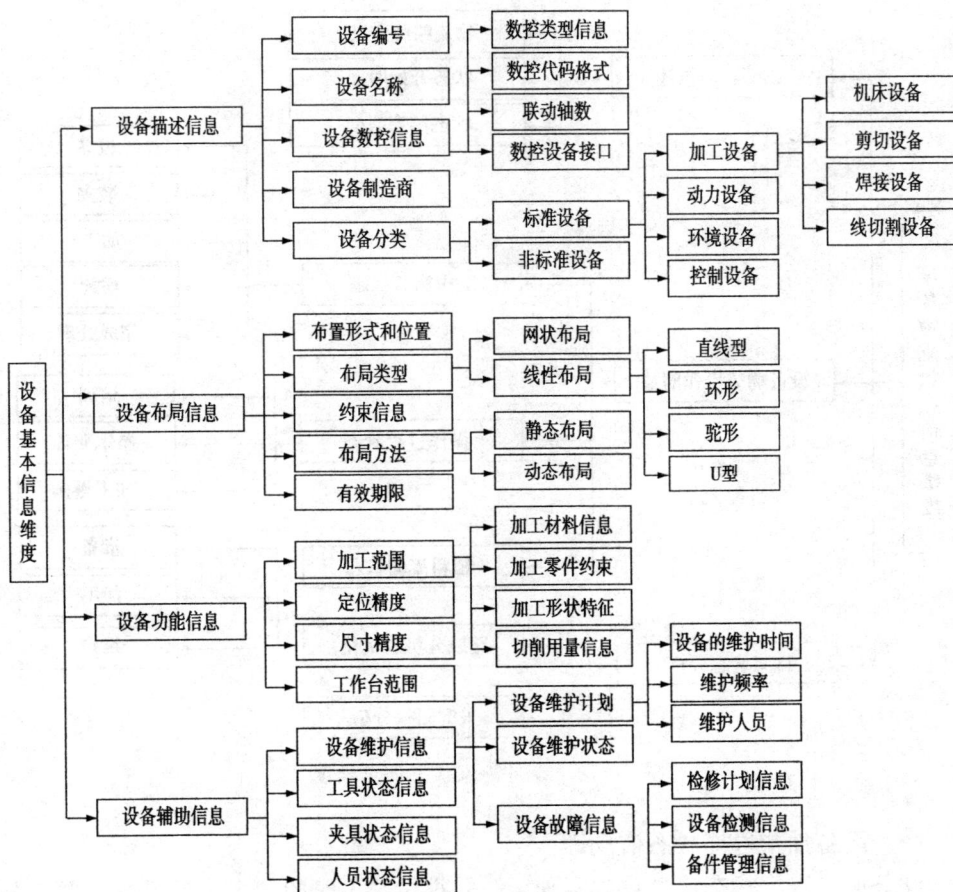

图 1 - 17　设备运行状态基本信息维度

（2）设备物流状态信息维

作业车间设备运行状态信息中的物流状态信息维主要包括设备加工过程涉及的工件材料、工具、文档、工单等与加工相关的物料及技术载体的转移状态信息，包括信息对象内容，信息对象的准备、运输（移动）、处理、结束等。

具体包括：设备加工过程工件的流转状态，包括工件材料或毛坯的准备、领用、输送、装夹、加工、拆卸、质量检验、统计、加工后处理等物流状态节点。

设备操作过程对象：操作培训计划、加工前准备、机床操作、加工控制、等待加工完成、加工完成处理状态等。

设备运行辅料：工具、文档、润滑油等的准备、使用、维护等。

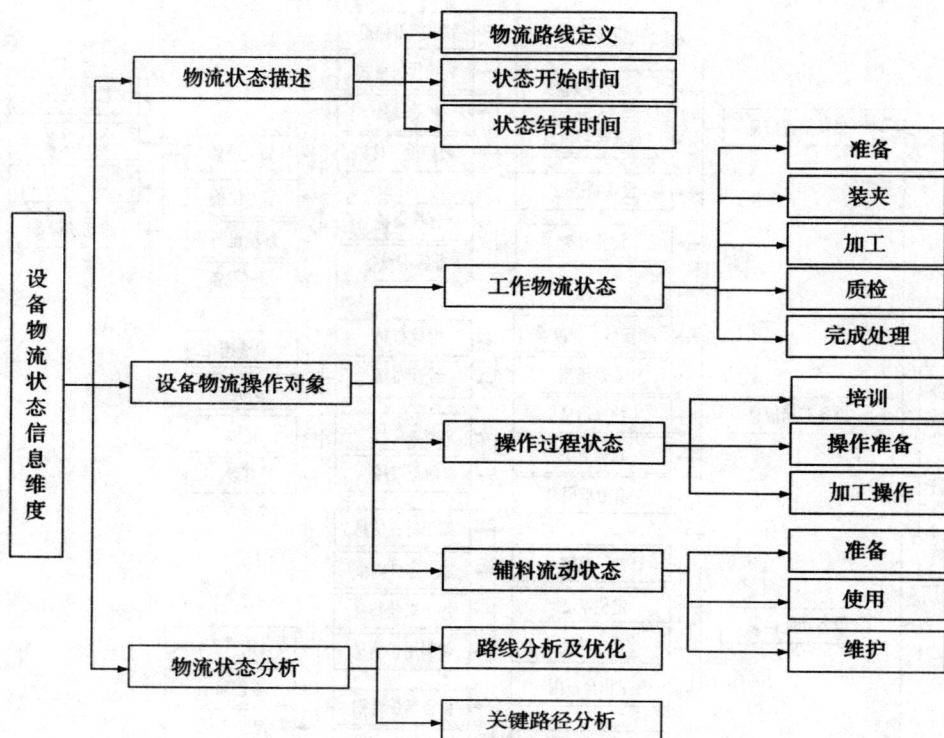

图 1 - 18 设备物流状态信息维度

（3）设备加工进度状态信息维

设备加工进度状态信息包含两种，一是批量加工时的加工完成件数，第二种是单个工件加工过程中"已加工时间 vs 总加工时间"的百分比信息。

对于中小型工件的批量加工，由于完成一个工件的加工时间不长，因此加工进度通常是以工件完工的个数来统计，设备加工过程中通过采集已完成工件数量、剩余工件数量、工件报废数量等工件加工统计信息，这实际上是设备加工任务的进度信息。

而对于模具等复杂工件和大型工件加工，多为单件或小批量加工，加工时间较长，简单的工件件数统计无法满足生产优化的需求，因此加工进度信息需要对工件加工过程进行进一步细化，工件加工的进度进一步定义为完成当前工件加工完成率，可以通过百分比表示，也可以通过时间表示，如预期加工完成时间、已加工时间、剩余加工时间等。

综合两种情况及设备加工特点，加工进度状态信息维构成如下：

①加工进度状态信息描述：包括加工任务描述——如加工数量、任务进度预期、工序进度计划、加工约束条件等；工件加工阶段定义：通常包括工件准备、

装夹、加工工步序列、工步间隙、拆卸、加工完成处理等步骤，通常中间还穿插工步间歇等进度状态参数。

②实时加工进度信息，包括：

批量加工任务的进度信息：是按件数统计的任务进度信息，包括任务总件数、已完成工件数、剩余工件数、任务进度完成率。

单件的工件加工进度信息：是工件一次加工过程中的加工完成度信息，如工件已加工时长、工件加工总时长、剩余加工时间、工件进度完成率等。

进度监测状态信息：相关进度信息与预期的偏差可以用进度偏差率、进度均衡率信息描述。进度偏差率定义为：进度偏差率＝（加工使用实际时间－加工计划时间）＊100％；进度均衡率定义为：进度均衡率＝1－进度偏差率

当进度偏差为正值时，表示进度延误；当进度偏差等于零时，表示实际与计划相符。当进度偏差为负值时，表示进度提前。

完整的设备加工进度状态信息维的信息结构如图1-19所示。

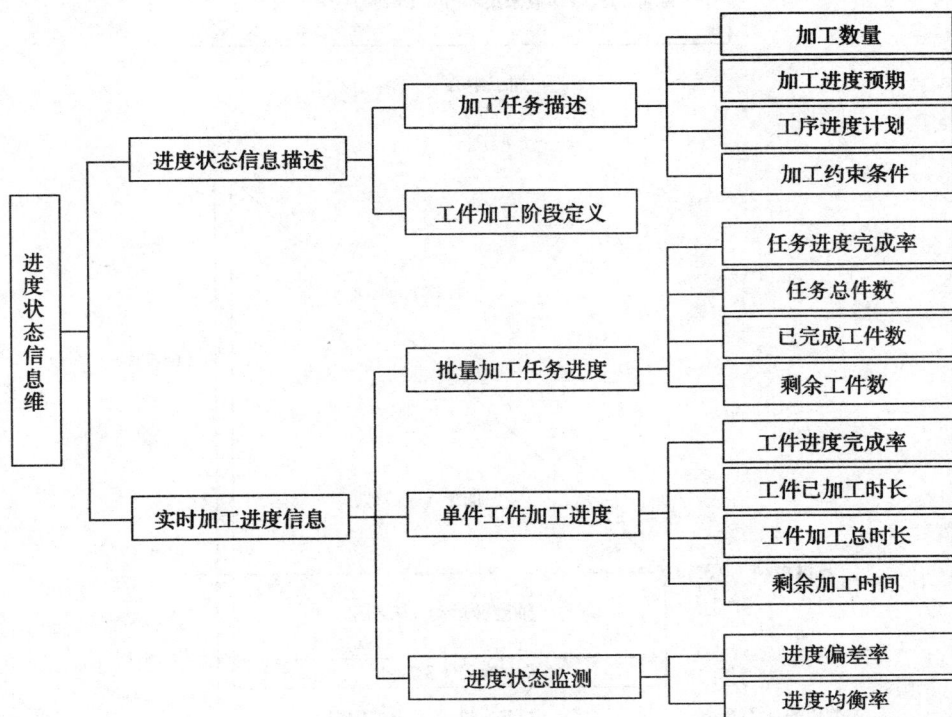

图1-19 设备加工进度状态信息维度

④ 设备能耗状态信息维

现代作业车间设备的运行过程就是一个能量流动、转换的过程，设备能耗状态信息构成较为复杂。本文以机床为例，分析车间设备的能耗状态信息维度。

加工（14.8%）

离心分离机（13.8%）

冷却液（31.8%）

油压泵（24.4%）

除雾器、冷却液采集器等（15.2%）

85.2%

加工中心

（66.7%）

加工（66.7%）

转盘运动（0.3%）

轴旋转运动（9.9%）

换刀（3.3%）

（X/Y/Z）进给运动（6.6%）

（20.1%）

无载电机（2.0%）

轴键（2.0%）

冷却泵（2.0%）

伺服系统（1.3%）

电脑和鼓风机（5.9%）

（13.2%）

全自动铣床

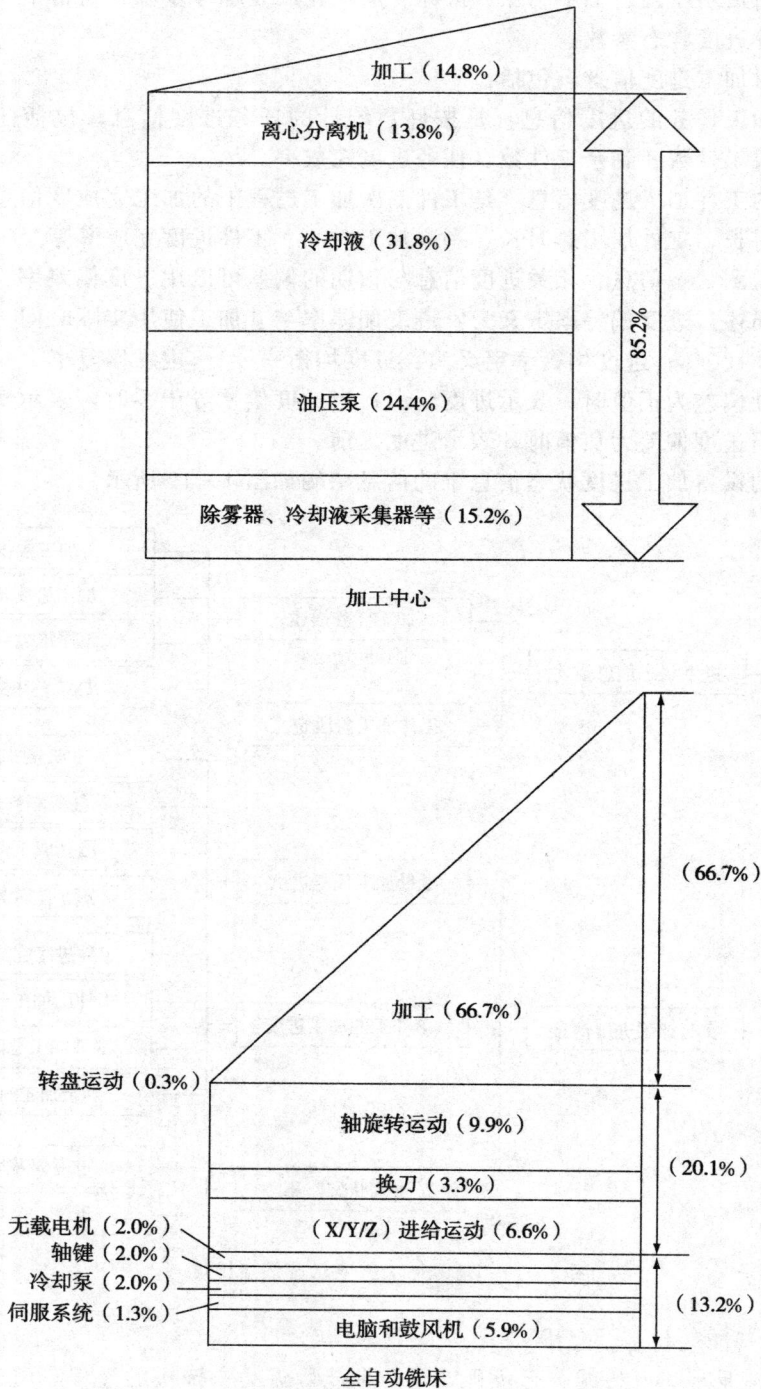

图 1 - 20　两种机床各部件加工过程能耗图

由于机床加工过程是一个变载荷过程，其能耗状态是动态变化的。图 1 - 20 是通过统计方法获得的加工中心及数控铣床特定加工过程各组成部分的能耗比例，由图可看出机床能耗包括固定能耗部分及与加工相关的可变部分，可变部分是能耗状态信息的重点。

对机床可变部分能耗进行分析，忽略照明系统、润滑系统等辅助部分的能量消耗，研究机床稳定运行时与加工相关的主要能耗构成，可建立所示的机床稳态能耗分解公式：

$$P_i = P_u + P_a + P_c \qquad (0.1)$$

式中：

P_i——表示设备主传动系统的输入功率；

P_u——表示加工设备的主传动系统空载功率；

P_a——表示系统的载荷损耗功率；

P_c——为设备有效加工功率。

不失一般性，可将上述设备能耗构成扩展至车间加工相关设备，对非加工类设备，其可变能耗部分为零。以此为基础本文建立设备能耗状态信息维如下：

设备能耗状态基本信息，包括能耗参数、额定功率信息、负载状态信息、设备能耗层次状态等，能耗层次按设备运行状态分为设备启动、空载、加工、停机。

辅助系统能耗状态信息：照明系统能耗信息、润滑系统能耗信息、冷却系统能耗信息、其他辅助系统能耗信息等。

设备加工能耗状态信息：设备输入总功率信息、主传动系统功率信息、进给系统功率信息等，其中主传动系统功率信息又分解为主传动系统空载功率、载荷损耗功率、有效加工功率等。

设备能耗统计信息：设备能耗效率、设备负荷分析、能耗时间特性等。

完整的设备能耗状态信息维的信息结构如图 1 - 21 所示。

（5）设备环境状态信息维

以作业车间机加工为例，图 1 - 22 是设备运行过程的"资源—环境"输入输出功能模型，它反映了设备加工运行过程中，随着能源消耗、原材料/工件经过加工成为合格零件，也产生了一系列影响环境的废弃物、噪声等。设备运行过程中物料消耗、能量消耗以及废物的排放并不是孤立的，三者往往是同时发生，并相互影响。

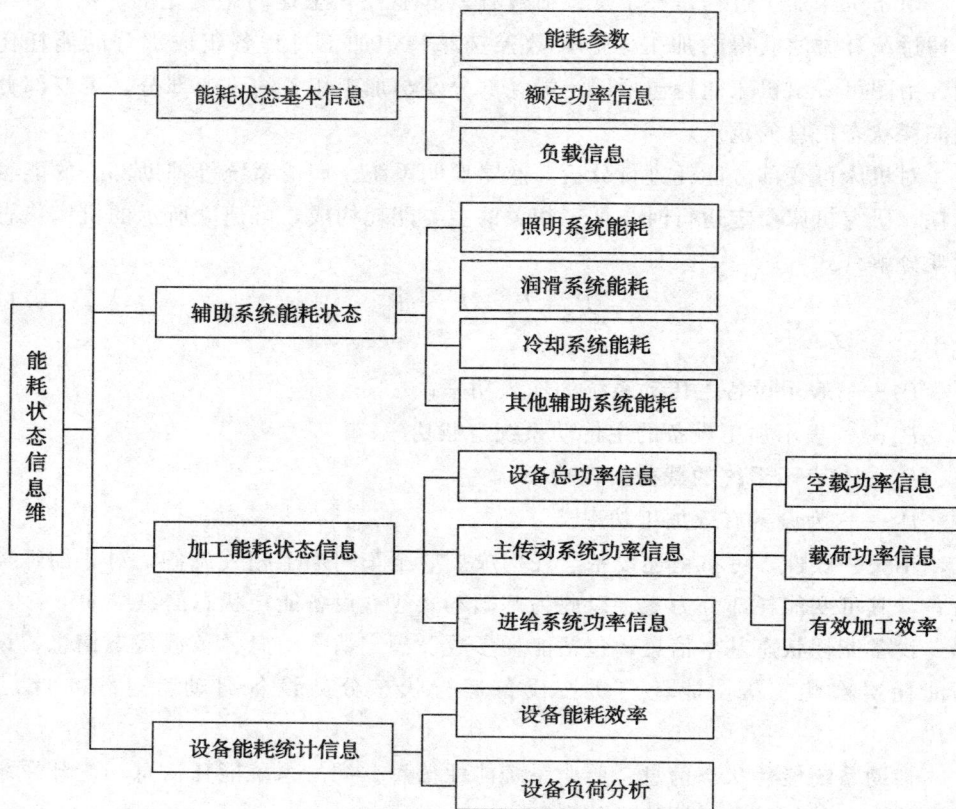

图 1-21 设备能耗状态信息维度构成

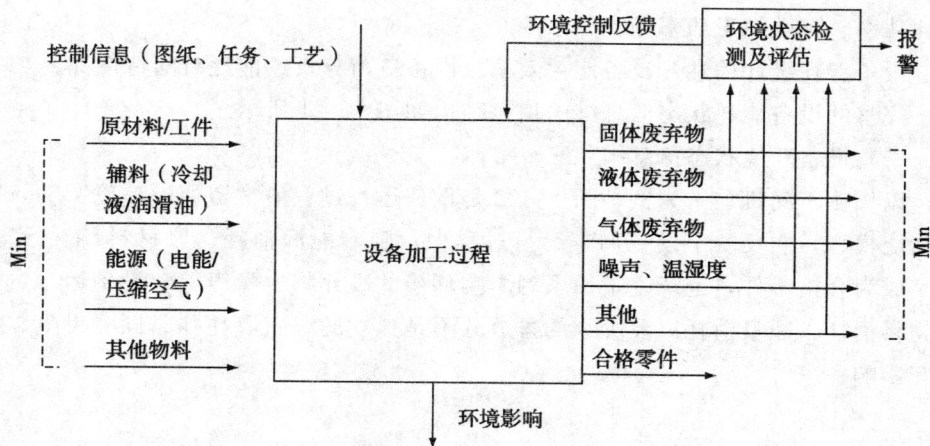

图 1-22 设备加工过程"资源—环境"过程模型

　　结合车间环境状态信息分析及影响相关模型，如图 1 - 23 所示。对车间设备运行状态信息中的环境状态信息维进行组织，将设备运行环境状态信息维组成分为：设备环境状态信息描述、设备环境状态信息监测、设备环境影响评价指标、设备环境影响状态、设备环境报警信息。

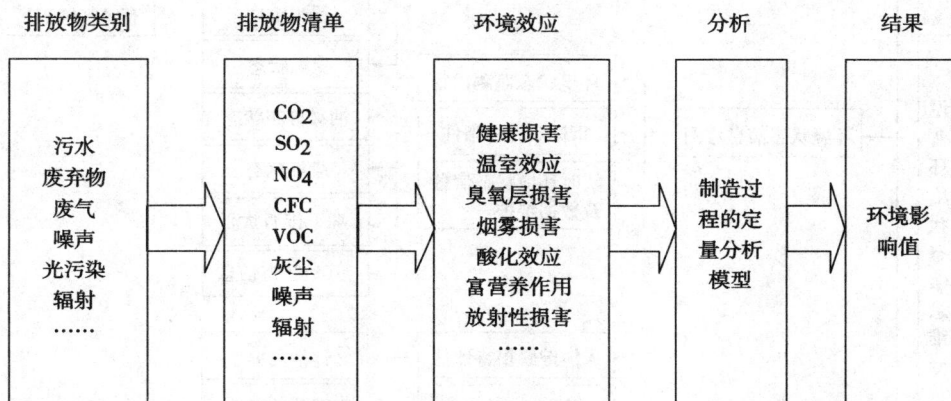

排放物类别	排放物清单	环境效应	分析	结果
污水 废弃物 废气 噪声 光污染 辐射 ……	CO_2 SO_2 NO_4 CFC VOC 灰尘 噪声 辐射 ……	健康损害 温室效应 臭氧层损害 烟雾损害 酸化效应 富营养作用 放射性损害 ……	制造过程的定量分析模型	环境影响值

图 1 - 23　设备环境影响过程模型

　　设备环境状态信息描述：主要描述设备环境状态基本信息，包括设备环境参数、设备依赖关系、成本信息等。

　　设备环境状态信息监测：定义环境状态监测的内容、指标及约束条件，提供实时设备环境状态信息及数据维护。例如，根据具体应用的不同，状态信息的构成包括空气状态（温度、湿度、有害气体浓度）、粉尘浓度、噪声状态、油雾分布状态、废液状态、加工排屑状态、其他状态信息等。

　　环境影响评价指标：根据节能减排及环境安全制订的一系列环境评价方法及评价状态，根据不同指标定义的环境影响约束可以作为反馈信息调整生产过程以符合"无害环境"的车间优化目标。评价指标包括但不限于人体健康损害效应、温室效应、臭氧损害效应、油雾控制效应、酸化影响等。

　　环境影响状态：通过定量的环境影响评价模型得到的量化的设备环境状态值，它直观地反映了设备的实时环境状态在评价指标范围内的位置，可以作为设备加工过程调整及不同设备加工选择的优化指标。

　　报警信息：环境状态信息实时监测报警信息维护。

　　完整的设备环境状态信息维的信息结构如图 1 - 24 所示。

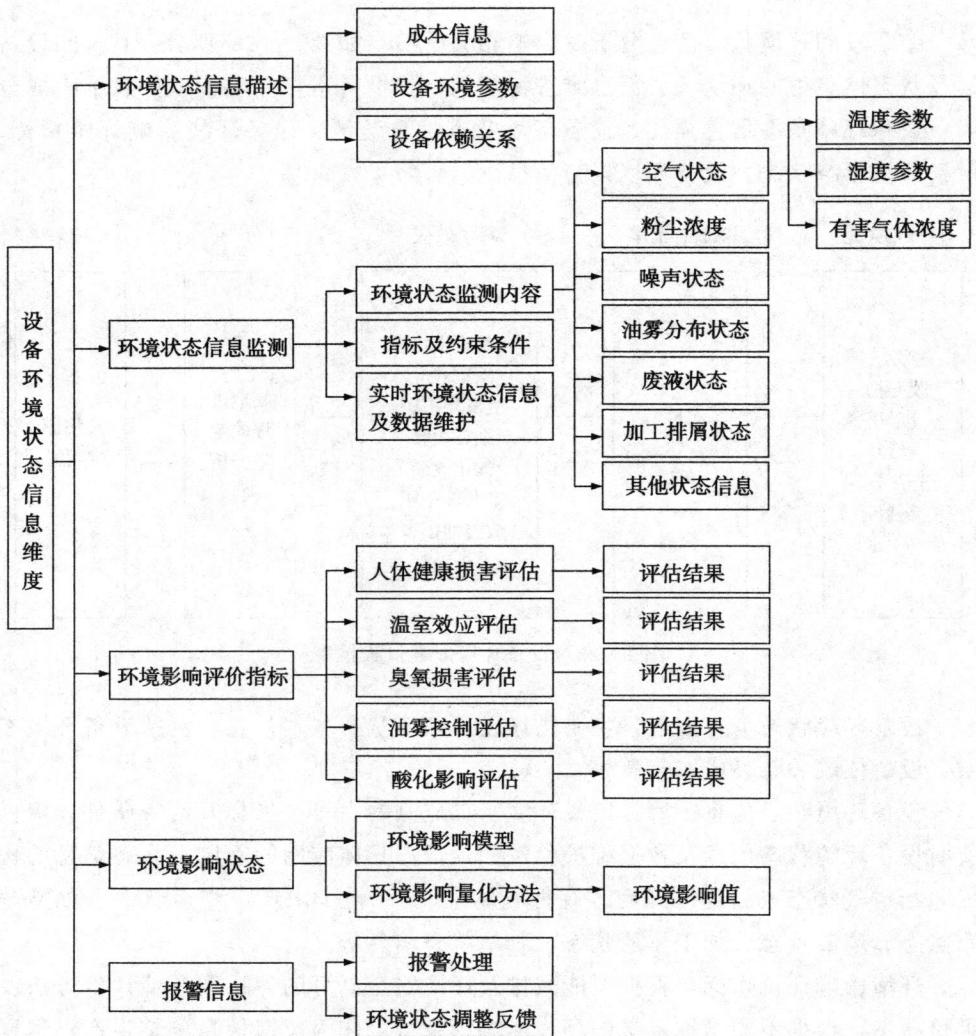

图 1-24 设备环境状态信息维度

（6）设备加工质量状态信息维

产品的质量问题通常是由可控因素引起的，如工件材料、生产设备、使用的生产方法、加工人员以及一些其他因素等。而现代质量控制理论与实践表明，质量控制的重点在于工序质量的控制而不是单纯产品的质量控制。因此面向工序的设备加工过程质量状态对提高产品质量有重要意义。本文以面向质量管理的统计过程控制（Statistical Process Control，SPC）方法为基础，建立面向车间优化运行的设备层质量状态信息维度。

图 1 - 25 是设备加工过程"设备运行—质量状态信息"转换模型。

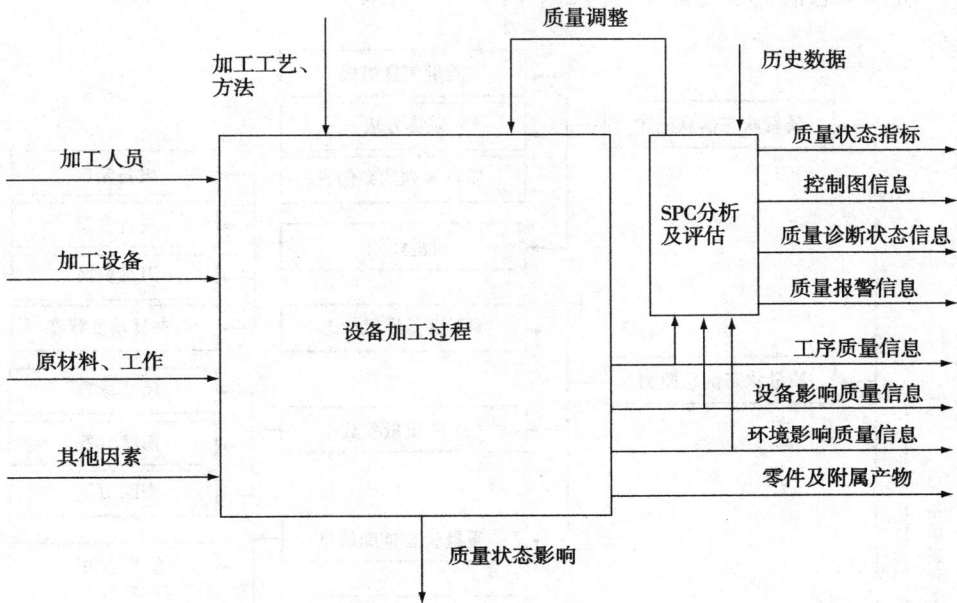

图 1 - 25 设备加工过程质量影响过程模型

由图 1 - 25 可知，与设备质量状态信息维度相关的信息包括：人、设备、材料、环境等外部信息，方法、质量要求等规范信息，实时设备加工质量状态信息及 SPC 分析结果等。图中隐含了质量状态信息的采集及 SPC 的方法及功能等。对以上各类设备质量状态相关信息进行分解得到设备质量状态信息维度构成，包括：

质量状态描述信息：包括质量信息的组成、质量信息的采集方法、质量规划约束信息、质量计划等。例如，质量规范是根据产品标准和制造标准，对产品信息和工艺信息进行详细的工序质量设计，确定该产品在各工艺流程阶段需要达到的质量规范和工艺参数表设定值，如各种尺寸、精度要求、各工序加工设定值等，相关规范约束将作为加工过程对质量状态监控的标准，也是 SPC 统计分析的重要依据。

质量状态信息的获取内容：包括加工设备质量状态信息（如设备精度、设备误差、刀具更换、夹具精度状态等）、工件质量参数实时测量值（如粗糙度、圆度、硬度、直径等）、质量检测数量/时间/工序等现场信息。

质量状态结果信息：包括通过 SPC 获得的不同方法得到质量状态指标、控制图信息、质量诊断状态信息、质量报警结果、各种统计信息等。

质量状态报警信息：质量状态信息实时监测报警信息维护。

质量状态信息维度构成结构如下图 1 - 26 所示。

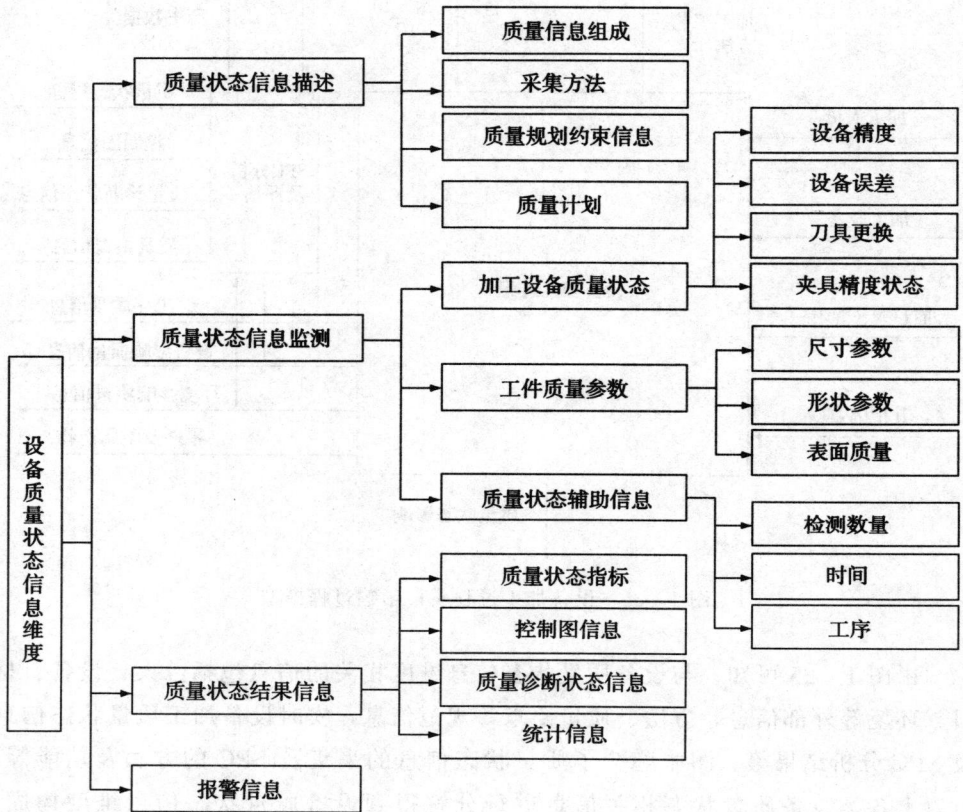

图 1 - 26　设备质量状态信息维度

1.1　设备运行状态信息的属性特征

信息维度构成是设备运行状态信息的系统特征属性，同时信息具有存在形式、信息物理结构、功能等信息属性特征，对信息属性特征的描述是研究设备运行状态信息的一个重要方面，信息局部特征定义不仅有利于企业内不同部门之间的信息共享和集成，并建立相关加工制造过程数据库，为制造决策提供依据；也便于对产品的各种数据和信息进行统计和分析，为提高产品质量和生产效率提供翔实可靠的依据。

本文按照时间特征、空间特征、结构特征、表现形式、存储特征、服务特征等方面对信息属性进行描述，设备运行状态信息属性特征如图 1 - 27 所示。

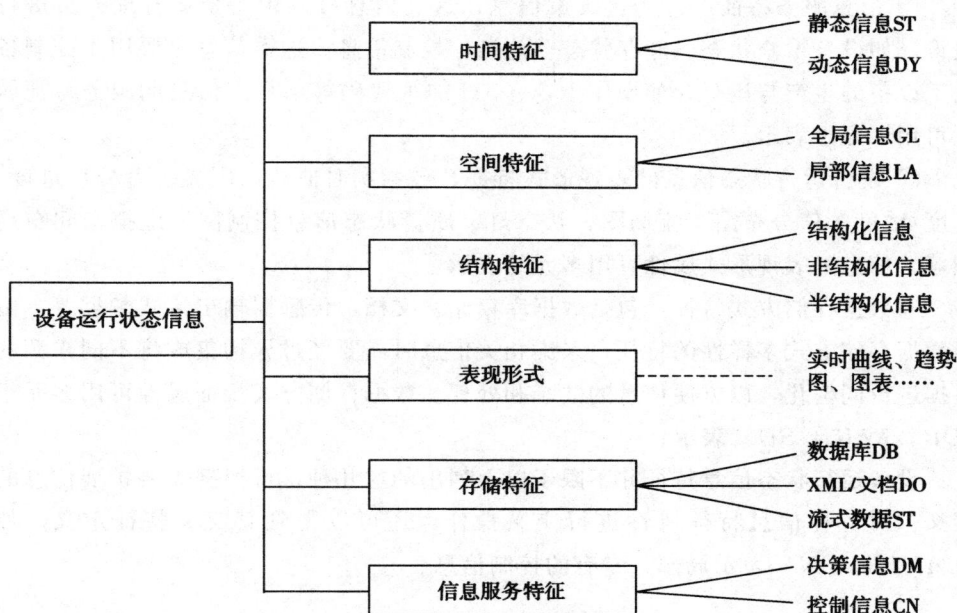

图 1-27 设备运行状态信息属性

设备运行状态信息的属性特征的具体含义如下。

① 时间特征：按信息的属性值是否随时间变化，设备运行状态信息分为动态信息、静态信息，动态信息包括工序状态、设备加工状态、产品加工状态等随时间变化的信息；静态信息则一般是固定的，如产品图纸、设备的静态描述等信息。信息的时间特征属性可用二元组表示。

② 信息的作用范围特征分为全局性信息和局部信息，全局性信息在系统范围内共享，如工艺规程、生产计划等信息；而局部信息只在局部范围内作用，不直接对外共享，如设备的内部控制信息。信息的作用范围特征属性可用二元组表示。

③ 信息结构特征包括：结构化信息，这类信息结构简单，可用关系模型来表示其数据结构，完全可以在关系数据库中存放与管理。如一般的管理信息、质量信息等。非结构化信息，这类信息结构复杂，一般无法用关系模型来表示，用数据库来存放和管理有一定的困难，如产品的几何模型、数控程序、声音、图像等多媒体信息。半结构化信息，这类信息本身具有自述性和动态可变性，不能用特定的模型描述。虽然具有一定的结构性，但因自述层次的存在，从而是一种非完全结构化的信息，它也被称为半结构化信息。如包括结构化信息与非结构化信息的普通 HTML 文档。信息的结构特征属性可用三元组表示。

④ 信息服务特征可分为：决策信息，这类信息可以用于企业管理人员进行决策，如设备维修状态、库存状态等信息。控制信息，这类信息主要用于控制各加工设备的生产与运行，如操作指令、NC 加工代码等信息。信息的服务特征属性可用二元组表示。

⑤ 设备运行状态信息的表现形式特征，包括实时曲线、图表、百分比进度、密度/浓度等值分布图、流场图、状态灯、质量状态信息控制图、虚拟车间布局图等。信息的表现形式属性可用多元组表示。

⑥ 数据存储方式特征：包括数据库存储、文档、传感器输出流式数据等。由于数据存储方式多样性的特征，采集相关信息时需要经过异构集成将不同来源的数据进行同构化，以方便信息的共享和处理。数据存储方式特征属性可用多元组 $\{DB, XML, SD\}$ 表示。

设备运行状态信息特征并不限于以上列出的这几种，可根据需要扩展信息的定义。对各种信息特征属性进行交叉操作，还可以得到其交叉特征定义，如 $\{LAI\ PRI\ CN\}$ 表示局部、专有的控制信息。

■ 第二章

精益生产概述

第一节　精益生产的形成与发展

一、生产方式的发展历程

（1）手工与单件生产方式。在新石器时代，人类采用天然石料制作工具进行采集、狩猎、种植和放牧。在青铜、铁器时代，人类开始采矿、冶金、铸锻工具、织布成衣和打造车具，发明了刀、耙、箭、斧等简单工具，满足以农业为主的自然经济，之后形成了家庭作坊式手工生产方式。相比之下这种生产方式使人类文明的发展产生了飞跃，促进了人类社会的发展。1765 年，瓦特改良了蒸汽机，提供了比人力、畜力和自然力更强大的动力，促使纺织业、机器制造业取得了革命性变化，引发了工业革命，出现了工场式的制造厂，生产率有了较大提高，但仍然是一种作坊式的单件生产方式。

（2）流水线大规模生产方式。美国制造业在 19 世纪中叶已出现了专用机器和劳动分工，这被认为是大规模生产方式的萌芽，但这不足以支撑大型企业的成长。20 世纪 20 年代美国福特公司开创了刚性自动流水线生产模式，即流水线大规模生产模式，这种生产方式的产生、发展和广泛传播为全球工业界带来了伟大的变革。这一时期大规模生产的特征是单一或少品种大量生产。随着大量的产品生产，原先"饥渴"的市场逐渐趋于饱和，快捷的多元化、个性化的需求开始凸显。于是，过去的大量生产模式被现代多种少量、富有柔性且具有相同低成本的先进生产模式替代就成了必然趋势。

（3）丰田生产方式的萌芽。丰田生产方式的灵感来源于美国的福特生产方式（Fordism）。1950 年，丰田工程师丰田英二带领工程师团队前往美国进行为期三个月的考察学习，发现尽管福特是当时汽车制造行业的领导者，但福特生产方式并不适合日本汽车行业市场，原因一方面是日本国内市场狭小，多品种小批量的汽车需求不适宜采取福特式的大批量生产；另一方面是第二次世界大战后日本既缺少自动化的设备，又缺少像美国那样大量的廉价劳动力。由此，开始了适合日本需求的生产方式探索，丰田生产方式应运而生。

目前，在众多的生产管理的新思想、新理论中，精益生产是影响最为广泛的新理论之一。在我国，精益生产也正广泛地展开。此时，深入开展对精益生产管理思想及其应用的研究，对在实践中进一步有效推进工业工程是很有意义的。下面将从精益生产的概念、核心思想、实践及其与其他管理理念如企业资源计划（ERP）、物资需求计划（MRP）的关系全面介绍精益生产。

二、精益生产的历史背景

精益生产（Lean Production，简称 LP）是美国麻省理工学院根据其在"国际汽车项目"研究中，基于对日本丰田生产方式的研究和总结，于 1990 年提出的一种生产管理方法，有的地方认为其是一种制造模式。其核心是追求消灭包括库存在内的一切"浪费"，并围绕此目标发展了一系列具体方法，逐渐形成了一套独具特色的生产经营管理体系。

精益生产的理念不是空穴来风，它的出现有着管理、技术及环境等方面的背景：

（一）丰田生产系统（Toyota Production System）

二战以后，日本经济百废待举，日本政府制定了"国民收入倍增计划"，把汽车工业作为重点发展的战略性产业，此时统治世界的生产模式是以美国福特制为代表的大量生产方式。这种生产方式以流水线形式生产大批量、少品种的产品，以规模效应带动成本降低，并由此带来价格上的竞争力。当时福特公司在底特律的轿车厂每天能生产 7000 辆轿车，比日本丰田公司一年的产量还要多。此外，全面质量管理在美国等先进的工业化国家开始尝试推广，并开始在实践中体现了一定的效益。生产中库存控制的思想（以 MRPII 思想为主）也开始提出，但因技术原因未能走向实用化。因此，日本政府组织产业界人士前往汽车强国美国考察。但是来自丰田公司的代表考察了美国这个厂之后，在考察报告中却写道："那里的生产体制还有改进的可能。"此外，在当时的环境下，日本企业还面临需求不足与技术落后等严重困难，加上战后日本国内的资金严重不足，也难有大规模的资金投入以保证日本国内的汽车生产达到有竞争力的规模。丰田汽车公司在不可能，也不必要走大批量生产方式的道路的情况下开拓出了丰田生产系统。

丰田公司的人员认为美国汽车制造行业需要改进的问题指的是工厂里的各种浪费，包括：残次品，超过需求的超量生产，闲置的商品库存，不必要的工序，人员的不必要调动，商品的不必要运输，各种等待等。正是这些浪费的存在，使得他们看到了"改进的可能"。

因此,以丰田的大野耐一等人为代表的"精益生产"的创始者们,在分析大批量生产方式后,得出以下结论:

· 采用大批量生产方式以大规模降低成本,仍有进一步改进的余地;

· 应考虑一种更能适应市场需求的生产组织策略。

根据自身的特点,逐步创立了一种独特的多品种、小批量、高质量和低消耗的生产方式。根据日本的国情,提出了一系列改进生产的方法:及时制生产、全面质量管理、并行工程,逐步创立了独特的多品种、小批量、高质量、低消耗的生产方式。

在丰田公司开创精益生产的同时,日本独特的文化氛围也促进了精益生产的产生。日本文化是一种典型的东方文化,强调集体与协作,这为精益生产的人力管理提供了一个全新的思维角度。精益生产符合这种追求集体与协调意识的东方文化,也符合日本独特的人事管理制度。

这些方法经过30多年的实践,形成了完整的"丰田生产方式",帮助汽车工业的后来者日本超过了汽车强国美国,产量达到1300万辆,占到世界汽车总量的30%以上。在制造、电子、计算机、飞机制造等工业中,丰田生产方式也成为日本工业竞争战略的重要组成部分,在日本的经济腾飞中起到了举足轻重的作用。

（二）改变世界的机器

丹尼尔·T. 琼斯等50多位专家,用了5年的时间,对17个国家的90多家汽车制造企业进行了比较分析,并在20世纪90年代发表了名为《改变世界的机器》（*The Machine That Changed the World*）的著名报告。该报告总结了丰田的生产方式,指出它的重大历史意义,认为这是制造工业的又一次革命。报告对于过于臃肿的大多数美国企业,提出了"精简、消肿"的对策,把日本取得成功的生产方式称为精益生产（Lean Production）。

三、精益生产的概念解析

（一）精益生产的概念

精益生产（Lean Production，LP）,又称精良生产,其中"精"表示精良、精确、精美;"益"表示利益、效益等。精益生产就是及时制造,消灭故障,消除一切浪费,向零缺陷、零库存进军。它是美国麻省理工学院在一项名为"国际汽车项目"的研究中提出来的。他们在做了大量的调查和对比后,认为日本丰田汽车公司的生产方式是最适用于现代制造企业的一种生产组织管理方式,称之为精益生产,以解决美国大量生产方式过于臃肿的弊病。精益生产综合了大量生产与单件生产方式的优点,力求在大量生产中实现多品种和高质量产品的低成本生产。

精益生产的目标被描述为"在适当的时间（或第一时间）使适当的东西到达

适当的地点，同时使浪费最小化和适应变化"。精益生产的原则使公司可以按需求交货，使库存最小化，尽可能多地雇用掌握多门技能的员工，使管理结构扁平化，并把资源集中于需要它们的地方。精益生产的方法论不但可以减少浪费，而且能够增进产品流动和提高质量。

精益生产的基本目的是，在一个企业里同时获得极高的生产率、极佳的产品质量和很大的生产柔性；在生产组织上，它与泰勒方式不同，不是强调过细的分工，而是强调企业各部门相互密切合作的综合集成。综合集成并不局限于生产过程本身，还包括重视产品开发、生产准备和生产之间的合作和集成。

（二）精益生产的内涵

精益生产不仅要求在技术上实现制造过程和信息流的自动化，更重要的是要求从系统工程的角度对企业的活动及其社会影响进行全面的、整体的优化。精益生产体系从企业的经营观念、管理原则到生产组织、生产计划与控制、作业管理以及对人的管理等各方面，都与传统的大量生产方式有明显的不同。

首先，精益生产方式在产品质量上追求尽善尽美，保证用户在产品整个生命周期内都感到满意。其次，精益生产方式在企业内的生产组织上，充分考虑人的因素，采用灵活的小组工作方式和强调相互合作的并行工作方式。再次，精益生产方式在物料管理方面，准时的物料后勤供应和零库存目标使在制品大大减少，增加了流动资金。最后，精益生产方式在生产技术上采用适度的自动化技术又明显提高了生产效率。所有这一切，都使企业的资源能够得到合理的配置和充分的利用。

此外，精益生产还反映了在重复性生产过程中的管理思想，其指导思想是，通过生产过程整体优化，改进技术，理顺各种流（Flow），杜绝超量生产，消除无效劳动与浪费，充分、有效地利用各种资源，降低成本，提高质量，达到用最少的投入实现最大产出的目的。

精益生产与大规模生产之间的比较

精益生产方式与以欧美为代表的大量生产方式相比，到底有些什么优越性呢？

以美国福特汽车公司为代表的大规模生产方式是以标准化、大批量生产来降低生产成本、提高生产效率的。这种方式适应了20世纪初到二战之前美国当时的国情。汽车生产流水线的产生，一举把汽车从少数富翁的奢侈品变成了大众化的交通工具，美国汽车工业也由此迅速成长为美国的一大支柱产业，并带动和促进了包括钢铁、玻璃、橡胶、机电以至交通服务业等在内的一大批产业的发展。大规模流水生产在生产技术以及生产管理史上具有极为重要的意义。但是第二次世界大战以后，社会进入了一个市场需求向多样化发展的新阶段，相应地要求工业生产向多品种、小批量的方向发展，单品种、大批量的流水生产方式的弱点就日渐明显了。为了顺应这样的时代要求，由日本丰田汽车公司首创的精益生产，作为多品种、小批量混合生产条件下的高质量、低消耗进行生产的方式在实践中摸索、创造出来了。与大量生产方式相比，日本所采用的精益生产方式的优越性主要表现在以下几个方面：

· 所需人力资源——无论是在产品开发、生产系统，还是工厂的其他部门，与大量生产方式下的工厂相比，均能减至 1/2；

· 新产品开发周期——可减至 1/2 或 2/3；

· 生产过程的在制品库存可减至大量生产方式下一般水平的 1/10；

· 工厂占用空间——可减至 1/2；

· 成品库存——可减至大量生产方式下工厂平均库存水平的 1/4；

· 产品质量——可提高 3 倍。

四、精益生产的发展阶段

（1）丰田生产方式阶段。大野耐一在 1978 年出版的《丰田生产方式——以非规模化经营为目标》以及在 1982 年出版的《大野耐一的现场管理》中，阐述了丰田生产方式的系统思考和理念总结。1983 年，门田安弘在《新丰田生产方式》一书中指出，准时生产（just-in-time，JIT）和自动化是实现丰田生产方式的两大支柱。1983 年，美国工业工程协会在《丰田生产系统》中将丰田生产方式扩展到开发、组织、销售等产品生命周期的各个环节中。1985 年，大野耐一对准时化生产做出了定义，指出必须彻底消除在制品和成品混存，并杜绝等待、搬运、不良品、动作、加工、库存、制造过多（早）这七大浪费。

（2）精益生产方式阶段。精益生产方式（Lean Production）是一种更加细致的提升生产效率的系统理论方法，继承了早期工作领导者，如泰勒、福特等的思想基础，完善了传统方式难以适应新市场环境的不足。精益生产来源于第二次世界大战后的日本制造业，"精益生产"一词最早来源于约翰·克拉富西克的关于"精益生产系统的胜利"的文章。詹姆斯·P. 沃麦克、丹尼尔·T. 琼斯和丹尼尔·鲁斯于 1990 年在《改变世界的机器》中首次将丰田生产方式定义为精益生产，提出了不同于福特推动生产方式的拉动生产方式。门田安弘于 1991 年出版了《丰田经营系统》一书，将精益生产方式的内容扩展到销售、财务、成本、组织、人事、新产品开发、生产管理综合系统以及汽车生产的国际化上，给世界工业界的发展带来了新的思想。精益生产已形成了较为完整的理论体系，随着企业的应用日趋完善。

（3）精益思想阶段。在《改变世界的机器》的研究基础上，1996 年詹姆斯·P. 沃麦克和丹尼尔·T. 琼斯又出版了《精益思想》。《改变世界的机器》提出了精益生产方式，《精益思想》提出了精益企业概念，将精益理念从制造业推广到制造业以外的各行各业，包括精益生产、精益管理、精益设计和精益供应等。20 世纪末精益企业的概念被提出之后，精益思想开始在制造业以外的行业传播、推广和应用。1992 年 Lauri Koskela 首次提出了精益思想在建筑行业的应用，即精益建造；英国理查德·拉明在他的《精益供应：创新与供应商关系战略》中提出了精益供应概念。此后精益物流、精益制造、精益采购、精益营销、精益成本管理等概念也相继产生。时至今日，精益思想已先后在机械制造、电子、消费品、运输、农业、军事后勤补给等领域得到了广泛应用。

五、精益生产与 ERP

ERP 系统是将企业的各种业务功能（如人力资源、财务、制造、会计、分销等等）链接到一个共同的系统中，使企业业务流程流畅和事务处理规范化。ERP 的集成和数据的共享使得 ERP 更趋向于扮演应用软件集成框架的角色。具体的核心业务作业，如一些自动化的、智能的优化功能由 TOC、Lean、SCM、CRM 等软件来完成。其管理思想融入约束理论/精益生产的哲学中。

对于许多制造厂商来说，ERP 系统由于遗留了物料需求规划（MRP）的一些问题，如复杂的物料订单、低效的工作流以及不必要的数据收集，所以并没有真正体现出其优越性。而悄然兴起的"精益生产"（Lean Production）依靠"流动"或"需求拉动"指导生产，适应了时代的发展潮流，正在取代传统的 MRP 模式。

但是精益生产与 ERP 之间并非天生就是情投意合的，因为生产车间和 ERP 系统之间存在鸿沟，因此我们要全面地来看待这个问题，扬长避短。某些已经投资巨型 ERP 系统的企业正在试图让"精益生产"方法与 ERP 两者在生产车间互相配合。比如全球机械及车床中心的制造商辛辛那提机器（Cincinnati Machine）公司等正在这样做，并已初见成效。

（一）ERP 与精益的冲突

前不久，主流的 ERP 供应商还对支持新制造模式置之不理。但后来随着更加灵活的小型软件公司不断切入精益制造这样的缝隙市场，主流的 ERP 供应商也开始提供旨在弥合生产车间和 ERP 系统之间鸿沟的解决方案。这些方案表现为支持精益方法的模块或附加组件，其功能特点包括：流动线路设计，将日产出率跟需求同步化的数学模型，迅速处理生产线设计变动的能力，以及图形方法表。

这些新的方案很有前景，但许多公司由于技术上的巨额投资以及缺乏管理高层对精益工具的支持，暂时无法摆脱目前的 ERP 系统。在当前状态下，人们正在争论 ERP 和精益方法能否在同一企业共存。有些人认为这两个概念可以共存，而另一些人认为它们是矛盾的。精益的理念强调生产过程的持续改进，而 ERP 则强调规划。并且，ERP 让企业跟踪工厂中每项活动以及每件物料的价格，产生了许多无附加值的活动。这跟精益理念是背道而驰的，后者的目的是让生产更加迅速流畅。

"精益"要求经营活动做出重大改变，这可能跟 ERP 系统的结构格格不入。然而，某些已经投资巨型 ERP 系统的企业正在试图让两者在车间互相配合。全球机械及车床中心的制造商辛辛那提机器（Cincinnati Machine）公司正在这样做。据该公司的物料总监称："'拉动'机制一旦就位，我们就必须系统地'关闭'所有'推动式'的思维和报告。"

（二）目前的 ERP 供应商要做什么

许多企业不希望调整 ERP 系统来配合精益方法，而只是要求具备精益功能的软件包。专家警告说，虽然有许多 ERP 供应商谈到了精益功能，但只有少数能提供完整的软件包。企业在实施精益程序时通常犯的错误是：以为从软件供应商行销的精益软件包中拿出一件工具，就已经是在使用一套精益软件系统。这也是目前的 ERP 供应商常犯的错误。

那么，目前为让软件包具备支持精益思想的功能，ERP 供应商应做到以下几点：

1. 理解并概括制造营运流程的性质

在准备实施精益方法前，企业必须理解并概括自己制造营运流程的性质。该策略界定了制造企业用来生产产品的方式。这些方式分为两大类——离散型和连续型。离散型方式包括按订单组装、按存货建造、按订单装配、按订单设计等小类。连续型生产方法包括按订单制造、按存货制造以及按订单装配。例如，一家铝业公司可能被界定为连续型的按订单制造的企业，而一家汽车制造厂则被定义为离散型的按订单组装或者按存货制造的企业。

并非每个企业在其营运中只用到单一的经营策略，因此许多先进的 ERP 软件系统允许用户根据具体的产业标准，配置多个经营战略。制造厂商的一大担忧是，ERP 系统如何改善工厂的经营流程。企业必须确定 ERP 系统是否运用真正的需求和销售预测，或是将两者结合来制订并完善主生产调度规程。重要的是，管理者必须了解这个调度规程是如何制订的。

2. 活用 MRP 与看板

有意思的是，企业在实施精益行动时，发现 MRP 系统具有一个重要的目的，应该跟精益方法结合运用。拿 Survivor Technologies 公司制造总监 Paul Pfeiffenberger 的话说："MRP 应该用于规划，而精益制造应该用于执行规划。"生产调度规程一旦制订，就需要另外的方法来实现规划。为了维持稳定的在制品数量，同时保持顾客服务水平，必须运用拉动式生产来提醒补充物料，而不是MRP 来为车间在制品设定一个调度规程。

大多数 ERP 供应商都采用某种形式的 MRP 来生成并执行生产调度规程。许多供应商还支持"自动下单"功能，以根据特定的承诺日期安排订单。重要的是，所有软件包都应能够关闭这项功能，这样具有"拉动"功能的部分就不再属于自动下单（推动）系统。许多供应商还提供某些制订"多品种产品"生产规程的能力，也就是说，企业能够在同一批次中以任何顺序生产任何产品，同时降低生产周期和库存。多品种制造降低了大规模生产的某些风险。

使用"看板"可以让制造流程中的产品和配件流动变得顺畅。"看板"还可以提供简单而有效的方法，跟前方工作站就下一工序进行沟通，从而提高效率。大多数 ERP 供应商都提供相应工具，协助使用"看板"补充物料。

3. 在实施 ERP 中不断完善

精益制造结合了多种同步化的努力成果，目的是满足实时需求。通过准确地估算潜在需求，企业不仅可以更精确地预计生产水平，而且可以将信息传达给供应商，以减少供应链中的浪费。有了更好的需求预测，企业就能够确保生产线不因为缺少配件而被迫关闭。

宣称可以预测几个月后的顾客需求，是荒谬的。任何事情都不可能那么确定。因此，许多 ERP 系统正采用基因算法和模拟方法，来估计需求的不确定性以及约束条件对车间的影响。了解了这个差异，就能让企业围绕物料和产能规划设置参数。

这些规划参数比计划中的生产提前了几个月，具有更强的可变性。但是，随着规划逐渐临近实施，预测的约束条件开始收紧。先进的 ERP 系统必须了解这种需求的不确定性，才能帮助供应商规划未来。

车间生产的提前期只是产品整个提前期的一小部分。即使企业大幅降低了车间生产的提前期，对整个提前期的影响也是微乎其微的。精益方法的目标是减少车间和整个供应链中的浪费。由此提高的效率将有助于提升企业在市场中的竞争力。

企业的信息系统必须深入到整个供应链，使得供应链每个环节都能彼此沟通。一个环节的薄弱会影响供应链中的每个合作伙伴。这意味着，企业必须在整个价值流中，整合其 ERP 系统，以满足顾客需求，并及时将产品和服务送达市场。

许多供应商正在着手解决供应链方面的某些挑战和问题。有些环节可以被设置成分销调度控制功能，跟企业的装运计划相结合。这种调度控制功能使得运输系统和生产车间实现同步化，有助于确保顾客要求的交货日期得以遵守。

尽管精益工具的开发尚处于襁褓阶段，但新的范例已然出现，它将取代许多 ERP 供应商给企业套上的"一刀切"思维。这种新范例要求企业挑选适合自身营运的最佳应用软件，修正或取代已有的 ERP 系统。这些最佳组件可以整合起来，产生最佳的最终产品。便于安装的新一代企业供应链延伸应用软件正在出现，它们甚至可能淘汰传统的全面型 ERP。

不管如何实施精益功能，供应商现在必须解决真正的车间需要了。企业选取合适的解决方案，并正确地加以实施，是至关重要的。实施精益方法能带来实质性的收益，不能因为有了 ERP 挡路就止步不前。

第二节　精益生产计划与控制

准时生产是指只在需要的时候，按需要的量，生产所需的产品。它与自动化一起是精益生产的两大支柱。准时生产是以均衡化生产为前提条件，由作业标准化、缩短作业转换时间、有效设备布局、看板控制系统以及现场改善技术等组成。

一、均衡化生产

准时生产要求物流在各作业之间、生产线之间、工序之间、工厂之间平稳、均衡地流动。这是杜绝浪费的前提，是适时适度生产的前提。

实现总量均衡化，就是将连续两个时间段之间某个种类的总生产量波动控制到最小，也就是说在每个时间段（一般一天）生产产品数量相同。虽然每月生产产品种类可能不同，但是一旦月生产量确定了，天与天之间的生产量就会不变，即按固定节拍生产。由于按种类来考虑，所以是总量均衡化。总量均衡是对一个种类来说的，这一个种类一般都在一条生产线上生产，如花冠车，分轿车（A）、硬顶车（B）和货车（C）。要实现准时生产，还需要做到按品种的数量均衡。

均衡化生产采用月生产计划、日生产计划，并根据需求的变化及时调整。

（1）月生产计划。月生产计划主要包括主生产计划、三个月生产计划，以及月度需求预测。月生产计划确定月生产的产品品种及产量，前两个月提出，前一个月确定，并将计划有关内容传输给协作厂，并分配每日出产量。

（2）日生产计划。日计划采用混流生产模式，混流生产是多对象流水线生产的一种形式，一般流水线按不同特点可进行不同分类。

混合流水线生产追求的是标准化。所谓标准化是在同一流水线上，相间地生产多种产品，并做到产量、工时上均衡。以生产标准化为基础的混流生产可使产量变化降低到最低水平，有效地减少因产量大幅度变化带来的生产能力等方面的各种浪费；能够实现按销售的速度（品种、数量、交货期）组织生产，对市场需求的变化迅速做出反应。

常用的排产方法是生产比倒数法。如表 2-1，其步骤为：

① 生产比及循环流程产量计算

如 A、B、C 三种产品，产量分别为 $N_a=40$，$N_b=10$，$N_c=30$

生产比为：

$40:10:30=4:1:3$

生产比之和为循环流程的总产量：

$4+1+3=8$

② 计算生产比倒数

$m_A = 1/4$，$m_B = 1/1$，$m_C = 1/3$

③ 投产顺序的确定

确定规则：生产比倒数最小的先生产；具有相同生产比倒数时，选择生产比倒数变动较晚者先生产。

表 2-1　混合流水线投产示意图

	品种			投产顺序
	A	B	C	
		1		A
1	1/4	1	1/3	AC
2	1/2	1	1/3	ACA
3	1/2	1	2/3	ACAC
4	3/4	1	2/3	ACACA
5	3/4	1	1	ACACAC
6	1	1	1	ACACACA
7	1	1		ACACACAB

（3）计划下达方式。准时生产计划的制订分三个阶段：主生产计划、月生产计划、日生产计划，投产顺序计划以日生产计划为依据。准时生产计划的特点：生产指令只下达给最后工序，以保证需要时生产所需要的数量，避免生产过剩，同时反映最新市场需求。所以准时生产方式是一种拉动式的生产计划方式。

二、作业标准化

作业标准化就是在对作业系统调查分析的基础上，将现行作业方法的每一操作程序和每一动作进行分解，以科学技术、规章制度和实践经验为依据，以安全、质量、效益为目标，对作业过程进行改善，从而形成一种优化作业程序，逐步达到安全、准确、高效、省力的作业效果。

通过作业标准化，确定每个作业者看管的设备和作业程序（包括顺序），可以稳定作业流程，使每一次生产过程都能达到预期目标，还可以明确每一个流程的停止点和开始点，清楚掌握生产状况，并通过作业标准化，达到减少浪费的目的。

作业标准化的先决条件是消除不稳定的根源，包括供应的零部件短缺或存在质量缺陷、设备出现故障等。

作业标准化包括三个要素：节拍时间、工作顺序（完成一个流程的最佳方式）、工序间库存（工序间应该有多少存货）。

作业标准化步骤：

(1) 确定生产节拍；

(2) 确定每项作业的标准时间；

(3) 确定各作业者所承担的作业及完成作业的程序；

(4) 确定在制品占用标准；

(5) 绘制标准作业图表，组织实施。

三、缩短作业转换时间

作业转换时间是生产单元从生产一种产品转换为生产另一种产品时，从模具、工夹具的准备、卸装、调整等直到生产出第一件合格品为止所用的全部时间。缩短作业转换时间可以缩短生产提前期。

作业转换分为内部作业转换（只有停机才能进行的更换作业）、外部作业转换（不停机就能进行的更换作业）；所需的时间分别称为内部作业转换时间、外部作业转换时间。

通过改善作业方法、改进工具夹、提高作业人员技能及熟练程度可以缩短作业更换时间。

缩短更换作业时间是一个不断改进的过程。丰田作业转换时间，1945～1954年需要2～3小时，1955～1964年缩短到了15分钟，1970年以后缩短到了3分钟。

四、设备布置

在精益生产中，工厂一级的布局是采取对象专业化原则布置，流水线一级的采用U形布置。U形布置就是按照加工顺序以逆时针方向来排列生产线，使得生产流程的入口和出口尽可能靠近，因类似字母U，所以称为U形生产线，U形生产线有以下特征：

(1) 精益生产中，操作工人是多技能工，这样可以按需求量变化增减作业人员，使作业人员数目弹性化，实现少人化；

(2) 生产线中入口与出口可由同一个作业员来操作，以便控制生产线节奏，控制生产的标准数量；

(3) 生产中，便于操作工人之间互助，易于提高整条生产线的效率；

(4) 能够节省空间，工厂建筑面积减小等于减轻公司财务负担。

五、质量保证

精益生产使库存降到最低，生产系统中没有任何缓冲库存，所以，当某一工序出现不良品时，会造成后续工序停产。精益生产强调预防维修，重视设备保养，实施设备的点检制度；推行5S，保持清洁的工作环境；质量检验由检验人员与操作人员自检结合，还设置一些防错装置来保证质量。作业人员发现产品出现质量问题或机器出现异常时有权自行停止生产，立即追查、排除其原因，预防再次出现类似质量问题。

六、看板控制系统

看板控制系统又称视板管理、看板方式、看板法、目视管理等，是一种精益生产现场管理方法。它以流水线作业为基础，将生产过程中传统的"送料制"改为"取料制"，以看板作为"取货指令""运输指令""生产指令"进行现场生产控制。

常用看板形式有：卡片、标识牌、运送零件小车、工位器具等。一般看板分为：生产看板和取货看板。

企业内部看板受总装计划控制，传递生产信息。企业之间利用看板将装配厂的生产信息传递给上游企业，看板以逆工艺顺序，在工序间传递信息。

以生产指示看板与取货看板为例说明看板的使用方法。当紧后工序需要补充零件时，取货人带着相应数量的取货看板和容器到紧前工序的零件存放处，把带来的空容器放到指定的地点。在紧前工序零件存放处的每个装有零件的容器内，有一张生产指示看板系于零件上。取货人解下系在所取容器零件上的看板，并按顺序放入看板箱内。然后，把取货看板系到所取的零件上，连同所取的零件一起运回本工序存放处。当取回的零件投入使用时，解下取货看板按顺序放入看板箱。每道工序按看板的顺序和要求进行。

在加工过程中，生产指示看板与零件同步移动。零件生产出来后装入规定的容器，并把生产指示看板系到容器上。然后，放置于存放处。按同样的做法逐步向前推进，整个生产过程就实现了适时适量的生产。

看板使用应遵循以下规则：

（1）不合格件不交给后道工序；

（2）后道工序来领取工件；

（3）只生产后道工序领取的工件数；

（4）均衡化生产；

（5）利用减少看板数量提高管理水平。

七、现场改善技术

（一）全员生产维护——TPM（Total Productive Maintenance）

1971年日本设备工程师协会提出了富有特色的全员生产维修，简称 TPM。TPM 的主要内容是：以设备的最高综合效率为目标；建立包括设备整个寿命周期的生产维修系统，以及与设备有关的所有部门，如设备规划、使用、维修部门等；从最高管理部门到基层工人全体人员都参加；加强思想教育，开展小组自主管理活动，推进生产维修。

全员生产维修，强调对设备分类管理，重点设备重点管理，加强日常检查与保养，实行点检制度。全员生产维修的基本思想是"三全"，即全效益、全过程、全员参加。全效益就是追求设备一生的寿命周期费用最小、输出最大，就是说追求设备的综合效益最高；全过程是对设备从设计、制造、使用、维修、改造到更新一生的管理，建立设备一生的管理系统；全员参加是指要求企业从最高管理部门到基层的操作员工都要参加设备的管理。

最初的 TPM 仅着眼于提高设备性能或有效性，被称为 TPM 一代（全员生产维修）。但是直到 20 世纪 80 年代后期，即便是整个车间都采取 TPM，车间的"六大损失"仍然时有发生，其根源在于落后的生产安排导致了生产线上的不平衡或生产安排出现了问题。随后，开发了 TPM 二代，即整体过程管理（Total Process Management），它着眼于整个生产过程。近年来实践发现，如果要充分发挥公司的潜力，减少生产耗费，就应对公司进行全盘考虑。这就出现了 TPM 三代，即全体生产性制造（Total Productive Manufacturing），它强调的是解决 4M（人员、机器、方法、原料）相结合出现的 16 种主要损耗的 8 种 TPM 技术作业。

（二）5S 现场管理

5S 起源于日本，是指生产现场中对人员、机器、材料、方法等生产要素进行有效的管理，这是日本企业一种独特的管理办法。5S 是指日文 Seiri（整理）、Seiton（整顿）、Seiso（清扫）、Seiketsu（清洁）、Shitsuke（教养）这五个单词。

（1）整理。明确区分需要与不需要的物品，整理时首先要对工作场所进行全面检查，包括看得到的和看不到的地方；其次是制订"要"与"不要"的判别基准，去掉不需要的物品，留下需要的物品，再根据物品的使用率有针对性地进行管理，如"集中放在车间某个规定处"或"由管理部门保管"等。工作现场每天都在变化，整理的关键是每日自我检查。通过整理，能增大工作空间，灵活运用，提高工作效率；减少摩擦碰撞，保障生产安全，提高产品质量；消除差错；减少库存，节约资金。

（2）整顿。要用的东西按照规定定位、定量摆放，明确数量，明确标示。整顿时首先要落实前一步整理工作，再布置流程，确定放置场所，规定放置的方法，划线定位，标识场所物品。通过整顿，缩短工序转换时间、作业准备时间，提高工作效率；能够及时发现异常情况；非负责人员的其他人员也能明白要求和做法。

（3）清扫。在整理、整顿的基础上，清除脏污，保持工作场所干净整洁，处于随时可用的状态。具体实施包括：执行例行扫除，清理脏污；建立清扫责任区；调查污染源，予以杜绝；制订清扫基准，作为规范；通过清扫，保持质量稳定；维持仪器及设备的精度；维持机器设备的稳定性，减少故障发生。

（4）清洁。清洁是一种状态，将前三步的做法规范化，并贯彻执行及维持成果。清洁时首先落实前三项工作，制订管理的基准；制订稽核方法、奖惩制度，加强执行，维持 5S 意识；高阶主管经常带头巡查，带头重视。通过清洁，保持现场、设备的清洁，使异常现象显现化，并做到异常时的对策、办法可视化；创造舒适的条件。

（5）教养。从遵守公司的经营规则出发，遵守工作规章、纪律，以创造舒适有序的工作环境；执行 4S 基准，养成良好习惯。教养实施需要持续推动前 4S 至习惯化；制订共同遵守的有关规则；制订礼仪守则；教育训练；推动各种精神提升活动。

（三）"五个为什么"的工作方法

"五个为什么"的工作方法是发掘原因的最有效方法之一，就是持续地问"为什么"直到找到问题的原因为止。

"五个为什么"，是指当某一问题出现时，将问题的重点放在现实与应有状态之间的差异上，追究问题为什么发生的一种分析手法。它是有规律、分层次地追究问题，防止疏漏偏差发生，直到找出根源。比如，假设你看到一位工人，正将铁屑洒在机器之间的通道地面上，你问："为什么将铁屑洒在地面上？"他答："因为地面有点滑，不安全。"你问："为什么会滑，不安全？"他答："因为那有油渍。"你问："为什么会有油渍？"他答："因为机器在滴油。"你问："为什么会滴油？"他答："因为油是从联结器泄漏出来的。"你问："为什么会泄漏？"他答："因为联结器内的橡胶油封已经磨损了。"人们总是看到一个问题，就立即下结论。5 个"为什么"是发掘原因的最有效方法之一，要持续地问"为什么"直到找到问题的原因为止。

（四）拉绳

在生产现场，当作业员发现问题时（零件、设备、材料供应、安全等），会拉动灯绳来通报管理人员。管理人员要评估是否能在生产周期结束之前解决问题。

（五）安灯

安灯（andon）又称为按灯或工作指示灯，是一种在生产异常时，会自动发出不同的警报信息指示，使现场人员能及时反应的道具。

丰田公司的故障自动检报系统不仅有可实现的技术手段，还有保证实施效果的制度保障，就是安灯制度。安灯是在保证整条组装线生产的前提下，达到局部故障检测并排除故障目的的检测装置。

具体的安灯制度是，生产现场每条装配线上和每条加工生产线上都安装了包括呼叫灯和指示灯在内的"灯牌显示牌"。呼叫灯是在异常情况发生时，作业人员呼叫现场管理人员和维修技术人员而使用的。指示灯则用来指示出现异常和发生呼叫的工位。

（六）目视管理

"目视管理"是一种"被管理对象自行判断异常发生，再自行促动提醒作业人员处理该异常的自动化防错制度"。

在人员方面，目视管理是 5S 管理的最高境界。它是一种通过把事物（设备、材料、质量、工具、文件等）的数量或特性的管理极限进行可视化描述，以便不借助工具即可实施有效管理的手法。

目视管理是丰田生产方式中不可忽略的重要方法。实施目视管理使所有现场都能一目了然地进行管理，再结合自动化，就可以做到正常的时候机器运转，异常的时候有员工进行异常处理。如规定产品零件的放置场所，仔细地在布告栏上计入所在地，以便及时了解库存、制作的顺序、进展情况或是搬运作业等情况。

（七）提案制（Suggestion System）

提案制出自美国福特汽车公司，就是公司需要制订一套有效的和可操作的提案审核标准。提案审核标准用来核准员工提案的有效性和效果。

提案的自主实施：对于企业来说，一个真正有价值的提案是它的可实施性。鼓励员工自主实施自己的提案，这样既可以培养员工发现问题、解决问题的能力，还可以提高员工的技能工作水平。

提案内容的广泛性：对于提案活动，不限定员工的提案内容，可以从企业经营的各个方面提出改善建议。提案的内容可以涉及成本、安全、质量、效率、环境、培训等。

提案格式标准化：为了保证员工能更好地参与提案，需要使用标准化的提案表格。标准化的提案格式不但使员工填写方便，而且使员工填写时更加顺手，更有思路。如果没有一定的格式，而让员工自由发挥，反而会对他们产生一定的局限性。

（八）走动管理

俗语说："百闻不如一见，百见不如一行。"丰田公司认为："书面报告和数字表格只代表结果，它不会显示亲自到现场看到的东西——实际流程细节。"做客观全面考察是丰田公司解决问题、进行新产品开发、评估首先要进行的工作。

第三节　精益生产系统

一、精益生产系统的目标

（一）精益生产中浪费的类型

精益生产的目的就是减少浪费。减少浪费看上去是一个简单、明确的主题，但在实际市场中，很多"浪费"被发现的难度很大，大大削减了达到目标的能力。丰田把浪费分为三类：浪费、不平衡和不均匀。在很多精益生产操作中，往往仅包括第一类，仅包含降低相应的利润。新乡重夫对这种思想进行了解释，他观察到，例如，拧螺钉的工序中，仅仅在最后一步才将螺钉拧紧，在前面的工序中只需移动螺钉即可，于是这个工序就可减少拧紧螺钉的时间。在进一步细分的情况下，就建立了价值附加值这个概念，将没有价值附加值的工作和有价值附加值的工作进行了区分。没有价值附加值的工作一律视为浪费，从而进行流程改进，一个关键内容是衡量、消除这些浪费，确定浪费的影响范围，明确改进的结果，不断向着目标前进。

浪费主要指发现流程是否到位，操作是否得当，是通过产量进行衡量的。不平衡主要指在流程的准备和计划中，通过设计可以避免的工作浪费。不均匀主要指在工作设计实施的过程中，消除工时、操作等级等方面的波动和参差，如质量和数量。管理者的角色就是检查浪费，在过程中消灭深层次的引起浪费的因素，同时，联系不平衡和不均匀系统，发现的浪费必须回归到不平衡，就是项目的计划、设计过程。

丰田七项浪费具体指以下内容。

（1）运输的浪费：把原本没有必要的物资运送到生产流程中。

（2）库存的浪费：所有零件、半成品和成品在储存中的浪费。

（3）运动的浪费：人员和设备搬来搬去，超过生产必要的人员走动。

（4）等待的浪费：等待下一个生产环节。

（5）生产过剩的浪费：生产比需求多。

（6）多余加工的浪费：来源于设计问题、生产工具有误产生的复工。

（7）瑕疵的浪费：耗费了参与检查和修复瑕疵的投入。

下面结合飞机维修、生产等过程中存在的浪费现象进行举例说明。运输的浪费：生产流程或计划设计不合理，可能会导致在机库中不必要地倒换飞机的机位、航线维修运行中不必要地拖动飞机；航材库存地点不合理，导致不必要的航材运输等。库存的浪费：在机务维修中不必要的航材、工具设备、消耗器材的库存以及飞机维修中超出需要过多领取的航材，都属于该类浪费。运动的浪费：在飞机部件的更换过程中，准备工作不到位，导致重复往返于工具间、材料间、资料室，导致人员无效走动的浪费；在飞机的区域检查或绕机检查中，绕机路线或检查顺序设计不合理，导致多余的动作的浪费。等待的浪费：在生产组织实施过程中，窝工现象就是典型的等待浪费。比如，在更换发动机时，出现附件不完整的现象，而导致的飞机停场等待浪费。生产过剩的浪费：在机务维修中该类浪费不是很常见，主要是由机务维修的特点决定的；飞机维修、附件维修和发动机修理都是在有维修要求或需求时才进行，不会像制造业那样生产出过多产品。多余加工的浪费：在飞机制造厂的维修方案中，把某些检查工作分为一般目视检查、详细目视检查和特殊检查，这种分级检查方法就可以消除该类浪费。另外，飞机的定检是有飞行小时间隔规定的，过多地缩短间隔，不仅会导致运力减少，还会导致过度维护，也是典型的该类浪费。瑕疵的浪费：缺陷是典型的浪费，特别是在机务维修生产中，工作失误导致的定检延期或飞机返航、事故征候等不安全事件，对飞机营运人来说是非常大的浪费。一次返航可以导致几十万甚至上百万元的损失。

（二）精益生产的基本目标

工业企业是以盈利为目的，从事商品生产的社会经济组织。因此，最大限度地获取利润就成为企业的基本目标。传统的大量生产方式是以标准化、大批量生产来降低成本、提高效率的，完全是依靠规模效益来实现企业利润目标的。这种生产方式在经济高速增长、市场需求相对稳定的时期能取得良好的效果。因为在这种情况下，实际上不需要太严密的生产计划和细致的管理，即使出现生产日程变动、工序间在制品储备不断增加、间接作业工时过大等问题，只要能保证产品质量，企业便可放手大量生产，确保企业利润就不成问题。然而，在市场瞬息万变的今天，在实行多品种、小批量生产的情况下，这一生产方式显然是行不通的。

精益生产是采用灵活的生产组织形式，根据市场需求的变化，及时、快速地调整生产，依靠严密细致的管理，力图通过彻底排除浪费，防止过量生产来实现企业的利润目标的。因此，精益生产的基本目的是在一个企业里，同时获得极高的生产率、极佳的产品质量和很大的生产柔性。为实现这一基本目的，精益生产必须能很好地实现以下三个子目标：零库存、高柔性（多品种）、零缺陷。

1. 零库存

一个充满库存的生产系统，会掩盖系统中存在的各种问题。例如，设备故障造成停机，工作质量低造成废品或返修，横向扯皮造成工期延误，计划不周造成生产脱节等，都可以动用各种库存，使矛盾钝化，使问题被湮没。从表面上看，生产仍在平衡进行，实际上整个生产系统可能已千疮百孔，更可怕的是，如果对生产系统存在的各种问题熟视无睹，长此以往，紧迫感和进取心将丧失殆尽。因此，日本人称库存是"万恶之源"，是生产系统设计不合理、生产过程不协调、生产操作不良的证明，并提出"向零库存进军"的口号。所以，零库存就成为精益生产追求的主要目标之一。

实施零库存战略的优势在于：首先，可以降低库存水平，从而降低流动资金占用和库存管理费用；其次，可以使企业经营过程中的隐性问题浮出水面，通过不断解决这些问题促进生产水平的提高；再次，避免了库存积压带来的风险；最后，零库存的实施往往会促进企业生产管理效率的提高。然而，由于受到不确定供应、不确定需求和生产连续性等诸多因素的制约，企业的库存不可能真正为零。"零库存"不是某个企业一厢情愿就能做成的事情，它不仅依托于整个供应链上下游企业的信息化程度，还需要有合适的产业环境、社会环境，乃至国情。盲目追求形式上的零库存，只会影响企业的正常生产。

2. 高柔性（多品种）

高柔性是指企业的生产组织形式灵活多变，能适应市场需求多样化的要求，及时组织多品种生产，以提高企业的竞争能力。面临市场多变这一新问题，精益生产方式必须以高柔性为目标，实现高柔性与高生产率的统一。为实现柔性和生产率的统一，精益生产必须在组织、劳动力、设备三方面表现出较高的柔性。

（1）组织柔性。在精益生产方式中，决策权力是分散下放的，而不是集中在指挥链上的，它不采用以职能部门为基础的静态结构，而是采用以项目小组为基础的动态组织结构。

（2）劳动力柔性。市场需求波动时，要求劳动力也做出相应调整。精益生产方式的劳动力是具有多方面技能的多能工，在需求发生变化时，可通过适当调整操作人员的操作来适应短期的变化。

（3）设备柔性。与刚性自动化工序分散、固定节拍和流水生产的特征相反，精益生产采用适度的柔性自动化技术（数控机床与多功能的普通机床并存），以工序相对集中、没有固定节拍以及物料非顺序输送的生产组织方式，使精益生产在中小批量生产的条件下，接近大量生产方式由于刚性自动化所达到的高效率和低成本，同时具有刚性自动化所没有的灵活性。

3. 零缺陷

传统的生产管理很少提出零缺陷的目标，一般企业只提出可允许的不合格百分比和可接受的质量水平。它们的基本假设是：不合格品达到一定数量是不可避免的。精益生产的目标是消除各种引起不合格品的原因，在加工过程中，每道工序都要求达到最好水平，追求零缺陷。高质量来自零缺陷的产品，"错了再改"得花费更多的金钱、时间与精力，强调"第一次就做对"非常重要。若每一个人都在自己工作中养成这种习惯，凡事先做好准备及预防工作，认真对待，防患于未然，则在很多情况下就不会有质量问题了。因此，追求产品质量要有预防缺陷的观念，凡事第一次就要做好，建立零缺陷质量控制体系。过去一般企业对花在预防缺陷上的费用总是能省则省，结果却造成很多浪费，如材料、工时、检验费用、返修费用等。应该认识到，事后的检验是消极的、被动的，而且往往太迟。各种错误造成需要重做零件的成本，常常是几十倍的预防费用。因此，应多在缺陷预防上下功夫，也许开始时多花些费用，但很快便能收回成本。精益生产的最终目标是追求零缺陷，是决心追求完美的历程，也是追求卓越的过程，这是支撑个人与企业生命的精神力量，是在永无止境的学习过程中获得自我满足的境界。实施零缺陷前后的思想观念对比如表 2 - 2 所示。

表 2 - 2　实施零缺陷前后对比

实施零缺陷前	实施零缺陷后
按照比例分配不合格品数量	工作标准必须是零缺陷
事后检验、检查	事前预防、一次做对
认为质量缺陷是技术原因造成的	认为质量缺陷是管理原因造成的
对质量成本认识不清	质量成本可以用金钱衡量
头痛医头	标本兼治
认为质量问题是质量部门的事情	零缺陷是整个企业的经营之道

（三）精益生产的终极目标

零浪费是精益生产的终极目标，具体表现在以下七个方面。

（1）"零"转产工时浪费（多品种混流生产）。将加工工序的品种切换与装配线的转产时间浪费降为"零"或接近为"零"。

（2）"零"库存（消减库存）。将加工与装配相连接流水化，消除中间库存，变市场预估生产为接单同步生产，将产品库存降为"零"。

（3）"零"浪费（全面成本控制）。消除多余制造、搬运、等待的浪费，实现"零"浪费。

（4）"零"不良（高品质）。不良不是在检查位检出，而应该在生产的源头消除，追求零不良。

（5）"零"故障（提高运转率）。消除机械设备的故障停机，实现"零"故障。

（6）"零"停滞（快速反应、短交期）。最大限度地压缩前置时间，为此要消除中间停滞，实现"零"停滞。

（7）"零"灾害（安全第一）。人、工厂、产品全面安全预防检查，实行巡查制度。

精益生产七个"零"终极目标的实现涉及企业各个部门，需要各个工序的协同配合，是一项十分复杂的系统工程。在产品设计研发过程中，需要产品开发设计系统的支持；在生产计划制订的过程中，需要生产计划和物流系统制订合理的投产计划；当产品正式投产时，又需要现场作业管理、品质保证、生产快速切换等的支持。而贯穿这一产品从研发到生产全过程的是企业的标准化体系和不断改善的机制。

二、精益生产系统的结构

精益生产系统目标是零库存、多品种、无缺陷。消除一切浪费，追求精益求精和不断改善，以最优品质、最低成本和最高效率对市场需求做出最迅速的响应。下图所示为精益生产系统结构模式，该精益生产模式要求充分发挥人的主观能动性，通过持续改进，建立目视管理、标准作业和生产均衡化等基础管理工作，实施自动化和JIT（Just In Time）拉动式生产体系两大支柱体系，消除制造中的各种浪费，降低成本，实现精益生产最终目标，即企业利润的最大化。这种精益生产系统结构模式体现了精益生产的技术支撑体系，反映了实现精益生产的各种方法，以及它们之间存在的管理方式与环境之间的相互需求、相互适合的关系，同时存在各个具体手段之间相互支持、相互依赖的关系。

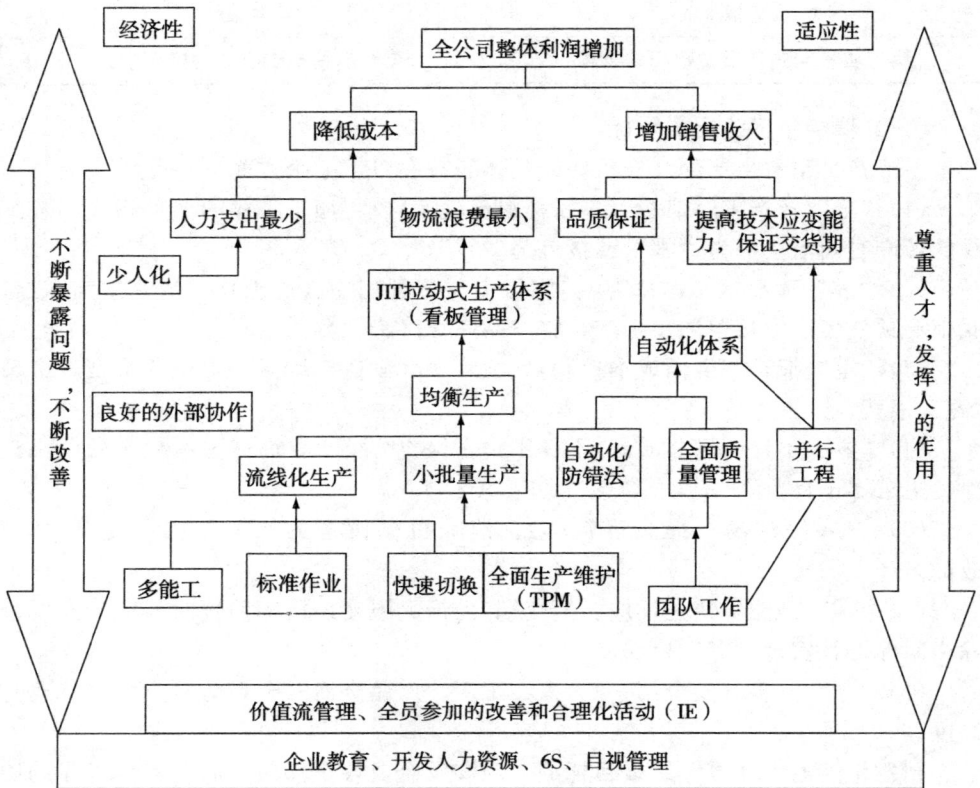

经济性　　　　　　全公司整体利润增加　　　　　　适应性

降低成本　　　　　　增加销售收入

人力支出最少　　物流浪费最小　　品质保证　　提高技术应变能力，保证交货期

少人化

JIT拉动式生产体系（看板管理）

自动化体系

良好的外部协作　　　　均衡生产

不断暴露问题，不断改善

流线化生产　　小批量生产　　自动化/防错法　　全面质量管理　　并行工程

多能工　　标准作业　　快速切换　　全面生产维护（TPM）　　团队工作

尊重人才，发挥人的作用

价值流管理、全员参加的改善和合理化活动（IE）

企业教育、开发人力资源、6S、目视管理

精益生产系统结构模式

（一）"6S活动"

"6S活动"就是整理（1S）、整顿（2S）、清扫（3S）、清洁（4S）、素养（5S）和安全（6S）。6S的目的之一是创建一流的安全生产环境。6S是一个工厂管理的基础，只有全面地发动全体员工做好6S工作，主动进行改善，后续的快速换线换模、一个流生产等就可以顺利地进行。

（二）目视管理

目视管理是利用形象直观而又色彩适宜的各种视觉感知信息来组织现场生产

活动，达到提高劳动生产率的一种管理手段。在推行精益生产时，强调信息流也要快速、畅通，以提高工作效率。这种信息流加快的简单做法就是利用目视管理来完成的。为此，目视管理是精益生产推行的又一基础工具和方法，其中目视化管理看板是目视管理工具中使生产状态、进度等直观化的非常有效的工具。

（三）价值流

站在客户立场上观察流程中的增值动作和时间，重视价值流管理，消除企业经营环节中各种非增值的浪费。

（四）IE 持续改善

IE（Industrial Engineering）即工业工程。IE 持续改善是精益生产的基础，对传统 IE 方法的正确运用，是传统的持续改善手法，注重围观，典型应用是动作分析，帮助员工提高效率。

（五）快速切换

所谓快速切换，即快速换线或快速换模技术，就是如何在最短的时间内完成大型模具的切换或者生产线的切换。通过实施快速变换，提高快速反应能力及流程效率，缩短切换时间，减少有效作业时间的浪费。

（六）团队工作

精益生产的中心是员工，企业把员工的智慧和创造力视为宝贵财富和未来发展的原动力。团队工作（Team Work）法就是通过工作小组共同协作，传授工作经验，一专多能，互相提高，保证工作顺利进行；同时在执行上级的命令时，更积极地参与，起到决策与辅助决策公司运行的作用，以发挥员工及其团队的创造力，达到最大限度上消除浪费的目的，具体特点表现为：

（1）以人为本。企业把每一位员工放在平等的地位，并将员工看作企业的合伙人；鼓励员工参加管理和决策，并尊重员工的建议和意见。例如，合理化建议制度和 QC（质量管理小组）小组活动；注重上下级的交流和沟通；领导人员和操作人员彼此尊重、信任，员工能以主人翁的态度开展工作，发现现场管理工作中的问题，不断改善提高。

（2）重视培训。企业的经营组织的活力来自员工的努力。精益生产的成功实践在于通过不断提高员工的素质，为他们提供良好的工作环境和富于挑战性的工作，培养出高素质的技术人才和管理人才，才能充分发挥他们各自的能力，及时地发现和解决生产过程中的问题。因此，精益生产更重视对职工的培训，以挖掘他们的潜力，如多能工培养、在岗培训（OJT）和人才育成等活动。

（七）全面生产维护

全面生产维护（TPM）就是通过企业全体员工参与设备自主性维护管理，确保设备停机零故障，以提高设备综合效率（OEE），进而提高生产效率。

（八）自动化

为了保证产品质量、树立企业形象和达到零缺陷目标，必须实施自动化方法，即具有自动识别和管理异常状况的方法，也可以是防止产生不合格品的装置、方法和机制。通过自动化在生产组织中建立两种机制：①设备上安装各种自动停止的装置、加工状态检测装置；②生产第一线的操作工人发现产品或设备的问题时，有权自行停止生产的管理，以防止类似的异常情况发生，杜绝不良品的重复出现，从而避免了由此可能造成的大量浪费。

（九）品质保证

（1）全面质量管理。精益生产以"零不良"为目标，强调在生产过程中对每一道工序进行质量的检验与控制，运用 SPC、按灯系统和目视化管理等手段，保证及时发现、警示和预防质量问题。因此，必须坚持重点培养每位员工"质量第一"的意识，以质量为中心，以全员参与为基础，组织相关的技术与生产人员作为一个小组，一起尽快协作解决质量问题，以生产合格品，使顾客和所有相关方受益而达到长期成功，这就是全面质量管理的内涵。

（2）QC 小组活动。每一个工作小组都成立 QC 小组自主进行管理，用 QC 七大方法解决涉及生产、工程、质量、供应链管理和销售等一系列日常工作问题，使顾客需求得到最大限度的满足并提高客户满意度。

（十）并行工程（**Concurrent Engineering**）

精益生产提倡在改善中活用并行工程思想。其要求产品开发人员在产品设计开发的一开始，就要考虑将概念设计、结构设计、工艺设计、最终需求等结合起来，依据适当的信息系统工具，利用现代计算机集成制造（Computer Integrated Manufacturing，CIM）技术，在产品的开发期间，辅助项目进程的并行化，从而使产品在设计阶段便具有良好的可制造性、可装配性、可维护性及回收再生等方面的特性，进行反馈与协调整个开发项目，保证以最快的速度按要求的质量完成，最大限度地减少反复设计，缩短设计、生产准备和制造时间。

（十一）流线化

"单元生产"是当代最新、最有效的生产线设置方式之一，为日本以及欧美企业所广泛采用。在小批量多品种生产下，采用"单元生产"U 型生产线大大超过了大批量生产条件下传送带流水线的效果，具有弹性地增减各生产线的作业人数、缩短生产周期、快速地应对市场需求的变化的优点。因此，实施单元生产可以把精益生产渗入到企业每一个细胞的改善活动，以此使布局、人才培养、物料控制都发生极大的改变，从而把精益生产推向更深的层次。

（十二）均衡化生产

均衡化生产是实现适时适量生产和看板管理的前提条件。采用均衡化生产就是与各种产品的平均销售速度同步进行生产，通过生产排程尽可能地使生产任务均衡化，即总装线在向前工序领取零部件时，应均衡地使用各种零部件，混合生产各种产品，以应对变化的需求数量峰值的库存、设备和劳动力等配置。在流水线式的生产形式中，均衡化是通过混合生产（同时生产多个品种）来实现的。在设备的使用上，均衡化是通过专用设备通用化和制订标准作业来实现的。

（十三）拉动式的准时化生产

准时化生产是缩短生产周期、加快资金周转和降低成本、实现零库存的主要方法。它是以最终用户的需求为生产起点，强调物流平衡，追求零库存，按必需的产品、必需的数量，在必需的时候进行生产。在精益生产方式中，通过看板管理传递生产和运送的指令，即传递下道向上道工序需求的信息，要求上一道工序加工完的零件可以立即进入下一道工序，将一个工厂内的各工序相互联系起来，实现生产管理调整，使生产工序稳定化、合理化，顺应多品种、小批量生产的需求。

三、精益生产体系的支柱

丰田生产方式是以准时化生产（Just In Time）及自动化作为两个主要的支柱。制造产品时最理想的状况是使机械、材料、人等经济地、有效地组合，实现全部无浪费，最大限度地只做对提高附加价值有作用的工作。

为了使各作业之间、工序之间、工厂之间尽量接近此理想状态，运用种种的方法和技术的结果即归结为 Just In Time（准时化生产）。为了接近此理想状况，从机械、传送皮带、自动生产线，在脱离正常状态而发生异常时，传送皮带能自行判断，并自动停止生产线以处理该异常即为自动化。因此，能防止浪费的发生，并使实现愿望成为可能。

丰田生产方式以此两大支柱为制造产品的理念。所以精益生产体系是在制造现场的各生产环节上，赋予探索和挑战精神而得到的一种生产体系。

（一）Just In Time（准时化生产）

所谓 Just In Time 是指在各工序间的供给能够做到"在必要的时间内只生产必要的东西及必要的量"，这可以说是以需求与供给关系为原理的，是生产管理的一种理想状态。为什么呢？借此可以最大限度上去除在各制造工序间存在的多余的东西，使浪费、不合理、不均衡消失，因而可以显著地提高生产效率。但是，汽车这个由几千个零部件所构成的产品，若覆盖所有的工序，则其数量将更加庞大。在这庞大的包括所有工序的生产计划上，能够一丝不乱地做到准时化生产，而不变更生产计划来满足生产量的及时需求，在实际的制造过程中是很难做到的。

变更生产计划的原因主要是销售量预测失准、事务管理上的疏忽、不良品、设备故障，这些都会导致产生次品，所以不得不停止生产线或做计划的变更。

（二）准时化生产的目的

①满足市场对各种汽车的实际需求，每天迅速地制造各种汽车；

②为了稳定工厂和零部件供货厂家每天的工作量，每天以均衡的数量生产后工序所需求的物品；

③ 何谓均衡生产，就是最终装配线的各种产品，以与市场销售速度相一致的生产节拍并且每天无波动地生产多品种的汽车。推行均衡生产最困难的是缩短作业。

尽量缩短生产过程时间：

① 可以在极短的时间内把预定的汽车交给顾客；

② 将成品车库存控制在最低限度；

③ 由于缩小规模，在制品库存可以大幅度压缩。

生产过程时间的三要素：

① 各工序生产一定批量产品的加工时间；

② 各工序之间的等待时间；

③ 各工序间的搬运时间。

对于构成生产过程时间的三个要素，分别缩短它们，对实现准时化生产是十分必要的。其目的是使生产能够灵活地应对市场上多品种和需求量的变化。这里"灵活"的意义是指缩短生产过程时间。

传统的机械工厂的生产布局，通常将设备机群式布置（水平布置），即把同一类型的机床设备集中布置在一起，各工序的作业者在加工出来的产品积累到一定数量后才搬运到下一工序。此方法必然导致工序间大量的在制品积压，物品则在各工序间反复搬运，从而形成搬运的浪费。丰田生产方式所强调的是"流动中作业"，即把物品在流动的过程中，在各工序被加工而增加附加价值。如果只是用运输带搬运或人工搬运，则只称为流动，而不是"流动中作业"。作为丰田生产方式的基本条件，要在生产现场造成流动中作业。

为了杜绝传统生产方式中的浪费现象，丰田生产方式中采用"一个流"生产，最大限度地递减搬运次数、递减在制品数量。为了实现"一个流"生产，必须将设备的布置进行调整，根据加工工件的工艺进行布置（垂直布置），形成相互衔接的生产线。基于一种彻底排除浪费的思想，从工件流动开始，制作一个，传送一个，检查一个，如将铸造毛坯经过一个一个的加工工序而制成成品，作业也非常清晰，也能将工序间的浪费显露出来。

不仅如此，在各生产线上，不能及时判定正常或异常，异常处理又太迟缓。在制造现场中，虽然增加了较多的作业者，却制造了这些行动的绊脚石。如此现状，造成现场的浪费陆续发生，这成为进一步造成公司经营劣化的原因之一。

值此，如果各工序间的供给与需求关系，能在必要的时候，只生产必要的东西及必要的量，那么就能杜绝那些浪费，也更能进一步显露问题而加以改善。在必要的时候只生产必要的东西及必要的量来供给各工序，这正满足了 Just In Time 的条件。因此，从制造工序最后的总装配线起，由此作为出发点，即后工序，将生产计划指示给最后的装配线上，将必要的零部件在必要的时候，针对必要的量，发出指示。装配线上已被使用掉的各种零部件则往前工序去取用，完成这种由后工序取用的搬运管理方法。制造工序向前移动，一直到材料的准备部门都能连锁式地同步联系在一起，则满足了准时化生产的条件。因此，这样做能尽量减少管理工时。在这个时候取用或制造指示，则使用看板。因此，看板方式与准时化生产相结合，才能大幅度地杜绝浪费，生产管理也能接近理想状态，能够使生产线较具柔软性，又能抑制浪费的发生，这就是丰田所开创的有效的准时化管理技术。

（三）自动化

在丰田生产方式中，自动化的创想源于丰田的"创办人"丰田佐吉先生的自动织布机。丰田式自动织布机，只要纵线断掉或横线用完，机械就会立即停止运作。在丰田，这种想法不仅对机械，而且扩大到有作业人员的生产线上。就是说，一旦发生了异常，作业人员会毫不犹豫地把生产线停下来。所有自动化能够防止不良品的产生，限制了制造过剩，同时具有自动点检生产现场异常的作用。

在制造业，机械的性能、效率更具有智能化、高速化，只要稍微发生异常，如不同材料的混入给机械设备或模具造成损伤，材质成分超标，螺丝等损坏，不良品就会出现，最后将产生堆积如山的不良品。

设备或模具的损伤，不良品的产出都可以说是没有效率的劳动，设备固然会出故障，而又不能让不良品产出，则不得不安排设备维修人员看管设备。像这样的自动设备里，并没有装入能判断、防止不良品产出或设备故障的控制系统。这样的自动化，其效率一定不好。在这方面，丰田公司非常谨慎，禁买这样的自动设备。

关于自动化的想法或自动化推进，并不只是技术员的职责，管理者、监督者都应付出智慧，共同推进自动化的实践。自动化的想法也被考虑应用到人工作业的装配线上。以往不良品出现时，生产线不即刻停止而继续流动，不知不觉发展为慢性不良，组装的发动机下线后，就只能靠检查或维修人员来检查维修了。

所以，从遵守标准作业做起，一旦生产线有异常发生时，则生产线即刻停止。生产线一旦停止，管理者、监督者及时消除停线的原因，加以改善并编入标准作业之中，经过这样反复修正，才能制造出质优价廉的产品。

经过自动化的推进，正常时，设备能有效地运转，而异常时，也能有人处置异常。这样，一个人也能对多台自动机械完成其管理工作。因此，为了顺畅地管理，必须从平常的目视来着手掌握一切。这就是丰田公司独特的管理方法之一，"目视管理"的想法于是产生了。因此以异常为中心的管理可以提高管理的效率。

四、精益生产系统的特征

在《改变世界的机器》一书中，精益生产的归纳者们从五个方面论述了精益生产企业的特征。这五个方面是：工厂组织、产品设计、供货环节、顾客和企业管理。归纳起来，精益生产的主要特征为：对外以用户为"上帝"，对内以"人"

为中心，在组织机构上以"精简"为手段，在工作方法上采用"Team Work"和"并行设计"，在供货方式上采用"JIT"方式，在最终目标方面为"零缺陷"。

（一）以用户为"上帝"

产品面向用户，与用户保持密切联系，将用户纳入产品开发过程，以多变的产品、尽可能短的交货期来满足用户的需求，真正体现用户是"上帝"的精神。不仅要向用户提供周到的服务，而且要洞悉用户的思想和要求，以便能生产出适销对路的产品。产品的适销性、适宜的价格、优良的质量、快的交货速度、优质的服务是面向用户的基本内容。

（二）以"人"为中心

人是企业一切活动的主体，应以人为中心，大力推行独立自主的小组化工作方式。充分发挥一线职工的积极性和创造性，使他们积极为改进产品的质量献计献策，使一线工人真正成为"零缺陷"生产的主力军。为此，企业对员工进行爱厂如家的教育，并从制度上保证职工的利益与企业的利益挂钩。应下放部分权力，使人人有权、有责任、有义务随时解决碰到的问题，还要满足人们学习新知识和实现自我价值的愿望，形成独特的、具有竞争意识的企业文化。

（三）以"精简"为手段

在组织机构方面实行精简化，去掉一切多余的环节和人员。实现纵向减少层次，横向打破部门壁垒，将层次细分工，将管理形式转化为分布式平行网络的管理结构。在生产过程中，采用先进的柔性加工设备，减少非直接生产工人的数量，使每个工人都真正对产品实现增值。另外，采用 JIT 和看板方式管理物流，大幅度减少甚至实现零库存，也减少了库存管理人员、设备和场所。此外，精益不仅仅是指减少生产过程的复杂性，还包括在减少产品复杂性的同时，提供多样化的产品。

（四）Team Work 和并行设计

精益生产以强调 Team Work 工作方式进行产品的并行设计。Team Work（综合工作组）是指由企业各部门专业人员组成的多功能设计组，它对产品的开发和生产具有很强的指导和集成能力。综合工作组全面负责一个产品型号的开发和生产，包括产品设计、工艺设计、编制预算、材料购置、生产准备及投产等工作，并根据实际情况调整原有的设计和计划。综合工作组是企业集成各方面人员的一种组织形式。

（五）JIT 供货方式

JIT 工作方式可以保证最小的库存和最少在制品数量。为了实现这种供货方式，应与供货商建立起良好的合作关系，相互信任，相互支持，利益共沾。

（六）"零缺陷"工作目标

精益生产所追求的目标不是"尽可能好一些"，而是"零缺陷"，即实现最低的成本、最好的质量、无废品、零库存与产品的多样性。当然，这样的境界只是一种理想境界，但应无止境地去追求这一目标，使企业永远保持进步，永远走在他人的前头。

第四节　国内外企业的精益生产实施情况及成果

一、精益生产的起源——丰田精益生产

精益生产的由来可以追溯到 20 世纪 30 年代丰田汽车公司的建立。丰田生产系统根源于丰田汽车缔造者丰田喜一郎对浪费的极度厌恶，20 世纪 30 年代中期，丰田喜一郎在丰田公司的第一个工厂里贴了一条标语，要求精益生产。他解释道，"精益生产"并不仅仅指干事情要准时，在数量上也必须做到绝对精确。例如，生产必须准时，但不能超额，超额就意味着浪费。在 20 世纪 30 年代末设计另一新工厂时，他力求体现自己的设想，命令把零部件仓库保持在最低水平，并指示工程师开发能够灵活完成多种不同任务的机器，并且要求机器的配置必须便于工作流程的顺利进行。

丰田喜一郎的许多想法都在第二次世界大战后被大野耐一重新利用起来。20 世纪 40 年代后期，丰田汽车当时的生产总监大野耐一吸收了福特公司的管理方法，比如，生产标准化和一个使工人成长为多技能工作者的工艺型系统。这一混合系统被丰田汽车公司不断完善，并为当时许多其他日本公司所采用。大野耐一本来在本田纺织公司工作，1943 年丰田汽车公司兼并本田纺织公司时，他转到丰田汽车公司工作。他此前对汽车制造业一无所知，但局外人的视角却使他发现了丰田公司汽车厂中的一些效率问题。与丰田喜一郎不同，他没受过大学教育，但与丰田喜一郎一样痛恨浪费现象并且善于发现冗余、低效的做法。大野耐一根据自己在纺织业中的经历提炼出丰田生产系统的两大支柱之一：自动化。当棉纱用尽或遇到其他问题时，丰田自动织机可立即停止运行。丰田生产系统的第二大支柱与仓库储备有关。大野耐一于 20 世纪 40 年代末创造出来的这两大支柱相当于 20 世纪 30 年代丰田喜一郎的精益生产思想的复活和实施。

第二次世界大战后不久，大野耐一从阅读中了解到，美国的超级市场只有在某一货物售出之后才补充进货；他想，只有当生产线上的下一站需要零部件时工人才该提供零部件，其道理是一样的。但这个想法却与主流生产系统相左，主流生产系统希望工人生产越快越好，必要时甚至可以把零部件堆在下一站的面前。为了实现新的生产系统，大野耐一使用了一种叫作传票卡的工具，它其实是一张卡片，上面书写着所需零部件的型号和数量，如果某位工人认为需要更多的零部件，那么他就把卡片递给负责生产该零部件的那一站，只有在这个时候才能把所需零部件组装起来。

　　1953 年，大野耐一成为丰田汽车公司的生产总经理，在这个职位上，他得以在总汽车生产线上试验自己的想法。1955 年，他授予生产线上的工人在出现问题时停止生产线的权利，这在几十年来的世界汽车制造业的传统做法中是个巨变。后来，他又得到丰田英二的鼎力支持，他的想法得以在丰田汽车公司全面推广。到 1963 年，丰田汽车公司的所有工厂都采用了丰田生产系统，到 20 世纪 60 年代中期，丰田的所有一级供应商都纳入丰田公司生产流程。1973 年的世界性石油危机过后，丰田要求所有供应商，不仅仅是一级供应商，都采用丰田生产系统。

　　在 1973 年的石油危机爆发前，日本汽车在美国汽车市场上并没有什么影响，但已显露出能够成为竞争威胁的迹象。1964 年，丰田汽车公司恢复了对美国的汽车出口，在随后的三年里出口量翻了 10 倍，达 3.9 万辆；1967 年，美国成为丰田公司的最大出口市场；1975 年，丰田取代大众，成为美国最畅销的进口品牌。1979 年的第二次石油危机后，日本汽车在美国的销量迅速飙升。进入 20 世纪 80 年代以后，从日本进口的汽车占美国市场销售的所有汽车的 20%；更令人吃惊的是，日本汽车占美国进口车总量的 67%；1980 年，丰田公司在美国市场上销售出 70 万辆汽车，是其 1970 年销售额的 3.5 倍。与此同时，美国本国汽车三巨头在 1980 年全部亏本。这是 1921 年后通用汽车公司第一次亏本，而克莱斯勒公司依靠政府的贷款担保才摆脱了困境。更为重要的是，日本于 1980 年一举超过美国而成为世界最大的汽车生产国。

二、精益生产进入中国——一汽集团引进精益生产方式

　　中国第一汽车集团公司（以下简称"一汽"）是我国汽车工业的"长子"，也是我国第一家引进丰田生产方式的企业。

　　从 1978 年以来的 40 多年里，一汽推行 TPS 经历了一个学习、认识、实践，再学习、再认识和再实践，逐步深入推行的螺旋式上升过程。一汽是人才济济的老国企，且在学习方面从来都不惜成本。1981 年 4 月，经过三年的学习和热身，一汽邀请 TPS 的推广人大野耐一到一汽讲课，并帮助一汽在生产线搞试点，建样板线。良好的示范效应让一汽掀起了第一次学习和推行 TPS 的高潮。一汽先后在各分厂和职能部门开展了看板管理、混流生产、数理统计、5S（整理、整顿、清扫、清洁、素养）管理、QC（Quality Control，质量控制）活动、设备点检、滚动计划、网络技术、目标成本和价值工程等精益管理方法，使一汽开始跳出 1953 年建厂以来所形成的传统管理思维的老框架。由于国家当时正处于改革开放初期，市场环境、企业经营和分配政策等基本还是以计划经济模式为主，因而一汽所推行的 TPS 未能全面、持久地进行下去。1989 年 10 月，一汽新建解放卡车的变速器制造厂，生产从丰田下属的日野公司引进的六档同步变速器。为了进一步学习 TPS，一汽再一次引入准时生产方式，再一次请大野耐一及其徒弟等

一批丰田管理专家，在变速器厂协助建立了一汽第一个全面推行 TPS 的样板厂。

1992 年，精益生产方式开始在一汽全面推行。一汽选择了不同技术状态、加工方式和生产节拍的专业厂、车间和生产线进行试点，并以生产管理为突破口，全面推行精益生产方式，对大量生产方式进行了较为彻底的变革。一汽在整个公司范围内，全面推行精益生产方式，企业的生产经营管理模式已开始向精益的管理模式转变，多数专业厂在借鉴典型经验的基础上，结合本单位实际，积极推行精益生产方式，并取得了明显成效。1994 年全公司在制品比 1993 年下降 40%，其中有的单位下降 60%～80%。精益生产方式在产品开发、销售服务和协作配套等方面的推行亦有很大的进展。"同步工程"产品开发模式正在形成，产品销售、售后服务和备件供应二位一体直销用户的销售管理模式正在推行，等等。实践表明，精益生产方式的推行，极大地促进了企业管理水平的提高，增加了经济效益，从而增强了企业的竞争实力。

三、精益企业

精益生产的理论和方法是随着环境的变化不断发展的，特别是在 20 世纪末，随着研究的深入和理论的广泛传播，越来越多的专家学者参与进来，出现了百花齐放的现象，各种新理论新方法层出不穷，如大规模定制（Mass Customization）与精益生产的结合、单元生产（Cell Production）、JIT2、5S 的新发展、TPM（Total Productive Maintenance，全面生产维护）的新发展等。很多美国大企业将精益生产方式与本公司实际相结合，创造出了适合本企业需要的管理体系。例如，1999 年美国联合技术公司的获取竞争优势（Achieving Competitive Excellence，ACE）管理，精益六西格玛管理，波音的群策群力，通用汽车公司1998 年的竞争制造系统等。这些管理体系实质是应用精益生产的思想，并将其方法具体化，以指导公司内部各个工厂、子公司顺利地推行精益生产方式。将每一个工具实施过程分解为一系列的图表，员工只需要按照图表的要求一步步实施下去即可，并且每一个工具对应一套标准以评价实施情况，也可用于母公司对子公司的评估。精益思想跨出了它的诞生地——制造业，作为一种普遍的管理哲理在各个行业传播和应用，先后成功地在建筑设计和施工中应用，在服务行业、民航和运输业、医疗保健领域、通信和邮政管理以及软件开发和编程等方面应用，使精益生产系统更加完善。

单元生产方式于 20 世纪末首先诞生于电子产品装配业，是指由一个或者少数几个作业人员承担和完成生产单元内所有工序的生产方式，也有学者将其称为细胞生产方式，因为它就像人体的细胞一样，在细胞内部包含了新陈代谢的所有要素，是组成生命的最小单位。单元生产方式以手工作业为主，不使用传送带移动生产对象，根据需要也使用一些简单的机械和自动化工具，工序划分较粗，一个人或几个人完成所有的工序。由于用于细胞生产方式的作业台的布局，往往成

"U"字形，很像个体户的售货摊儿，所以在日本也称为"货摊儿生产方式"。细胞生产方式可具体分为一人生产方式、分割方式和巡回方式三种形式。

　　精益六西格玛管理是将六西格玛管理法与精益生产方式两者结合得到的一种管理方法，能够通过提高顾客满意度、降低成本、提高质量、加快流程速度和改善资本投入，使股东价值实现最大化。六西格玛管理法是过程或产品业绩的一个统计量，是业绩改进趋于完美的一个目标，是能实现持续领先、追求几乎完美和世界级业绩的一个质量管理系统。六西格玛管理法是一种从全面质量管理演变而来的一个高度有效的企业流程设计、改善和优化技术，并提供了一系列同等地适用于设计、生产和服务的新产品开发工具。六西格玛管理法的重点是将所有的工作作为一种流程，采用量化的方法分析流程中影响质量的因素，找出最关键的因素加以改进从而达到更高的客户满意度。精益生产方式和六西格玛管理法相互融合，一方面克服了精益生产方式不能使用统计的方法来管理流程的缺点；另一方面克服了六西格玛管理法无法显著地提高流程速度或者减少资本投入的缺点。

第三章

精　益　管　理

第一节　现代生产管理概述

一、生产过程

（一）生产过程概念

生产是人类社会最基本的实践活动，是创造社会财富的源泉。生产是将生产要素（投入的资源）转换为有形的和无形的输出，并产生效用的过程。组织围绕产品生产/服务提供所进行的一系列有组织的运作活动的过程，称为转换过程，也称生产过程，或运作过程。这个过程也是一个"投入—转换—产出"的过程，即投入一定的资源，经过一系列转换，最后以某种形式的产出提供给社会的过程，该过程是一个物质的转换过程，也是一个价值增值过程。

一般转换过程包括：①物理改变过程，如制造企业生产；②位置改变过程，如运输业企业生产；③交换过程，如零售业企业生产；④存储过程，如仓储库存企业过程；⑤信息改变过程，如电信行业企业生产；⑥生理改变过程，如医疗行业。

（二）合理组织生产过程

1. 连续性

连续性是指产品在生产过程的各阶段、各工序之间的流动，在时间和空间上始终保持其紧密衔接，也就是说产品应始终处于被加工或被处理状态，尽量不要出现停顿、等待和长距离的运输。连续性包括空间、时间上的连续性。空间上的连续性是要求生产过程的各环节在空间布置上合理紧凑，使加工对象所经历的生产流程路线短，没有迂回往返；时间上的连续性是指生产对象在加工过程各工序的安排上紧密衔接，消除生产过程中中断和不应有的停顿、等待现象。

2. 平行性

平行性是指加工对象在生产过程中实现平行交叉作业。提高生产过程的平行性，可以缩短整个产品或整批产品的生产周期。当一批工件在工序间采用不同移动方式，其生产的平行程度不同。平行程度越高，成批等待的时间就越少，生产周期也越短。

3. 比例性

比例性是指生产过程的各部分、各阶段、各工序之间在生产能力上，根据产品生产要求，保持一定的比例关系，以达到产能平衡。建立生产系统之初，生产过程各环节之间生产能力是成比例的，但是这并不是一成不变的，如设计和计划的变更、技术和设备的更新、人员的熟练程度等都会使得现有的比例发生改变。因此需要管理人员及时采取各种措施，适当调整比例，建立新的平衡以适应情况的变化。

4. 均衡性

均衡性也称节奏性，是指整个生产过程从投入、加工一直到产出、入库，应统筹安排，有节奏、有计划地进行。所谓"均衡"是要求在相等的时间间隔内完成大体相等的生产工作量。均衡性一般取月均衡、旬均衡、日均衡，而节奏性则以小时和分、秒计。均衡性生产有利于劳动资源的合理利用，减少时间的浪费；有利于设备的正常运转和维护保养，避免因超负荷使用而产生难以修复的损坏；有利于减少在制品的库存积压；有利于安全生产，避免人身事故的发生。

5. 适应性

适应性是指生产过程能生产多种类的产品并能够在短时间内完成产品类型的转换，以适应市场和顾客需求的变化。它反映了生产过程中对品种变化的应变能力。随着社会进步，用户对产品的需要越来越多样化，企业如何满足多样化甚至个性化需求已成为新的课题。

二、生产系统

（一）生产系统概念

为了达到企业生产经营目的，由相互联系和相互作用的劳动者、生产手段、生产对象、生产信息等生产要素结合而成，并按预定的目标、计划和生产技术要求，从事产品生产所提供的有机整体，称为生产系统或运作系统。

生产系统示例如表 3-1 所示。

表 3-1　生产系统转换示例

组织	投入	要素	主要功能	产出
汽车厂	汽车零部件	工具、设备、工人	汽车装配（物理改变过程）	高质量汽车

医院	患者，医院设施	医生、患者、设备	治疗（生理改变过程）	健康人
餐厅	饥饿顾客，食物	厨师、服务人员、设施环境	制作好的食物，良好的服务，认同的环境（物理和交换过程）	满意的顾客
百货商场	购买者，存储的物品	陈列设施、售货员	吸引顾客，推销产品，完成销售（交换过程）	满意的购买者
大学	高中毕业生，教材	教师、教室等教学设施	传输知识和技能（信息转换过程）	受教育人

生产系统的目的是实现价值增值，满足社会（用户）需要。生产系统和一般系统一样，具有目的性、构成特性、转换特性和环境适应性。生产系统的构成要素按其性质和作用来划分，可分为结构化要素和非结构化要素。

结构化要素是指构成生产系统主体框架的要素，包括：生产技术、生产设施、生产能力、生产系统的集成；非结构化要素是指支持和控制系统运行的软件要素，包括：人员组织、生产计划、生产库存、质量管理等。结构化要素的内容及其组合形式决定生产系统的结构形式，非结构化要素的内容及其组合形式决定系统的运行机制。

（二）生产系统功能

生产系统具有什么样的功能是由其所面对的环境要求及其自身发展的需要所决定的。事实上，生产系统所具有的功能是直接与其所面对的功能目标相对应的，有什么样的功能目标，就有什么样的功能。企业环境和用户对产品的要求共有六个主要方面：品种款式、质量、数量、价格、服务和交货期。所对应的生产运作系统的功能要求是：创新、质量、弹性、成本、继承性和生产周期。

用户对生产系统的要求及其对应的生产系统基本功能包括：

（1）品种款式与创新。产品品种款式是企业对市场需求多样化、差异性的响应。针对产品品种款式，体现在生产系统方面的功能就是创新能力。创新是企业存在的基础，是企业具有活力的一个标志。创新涉及企业生产的设计能力、开发能力、生产能力、工艺能力、技术能力等。

（2）质量。质量是一组固有特性满足要求的程度，主要是指产品的使用功能、可靠性、寿命、外观等，是用户购买产品的第一需要。围绕产品的质量，企业生产系统的功能就是加强系统的正常运行，严格控制和检验，从生产过程的每一个环节把好质量关，从而为用户提供符合要求的产品或服务。

（3）数量与弹性。数量主要是指不断满足用户在产品数量方面的需求。生产系统所对应的功能是根据不同的用户、不同的时节、不同的环境条件，对产品需求上的不同，及时采取相应措施，灵活地加以协调，完成需求任务，使生产运作系统在数量上具有可变性，即弹性。

（4）价格与成本。质优价廉是顾客选择商品的重要依据。随着竞争环境的变化，价格已由订单赢得要素转变为订单获得要素。生产系统为了使本企业生产的产品在价格上有优势，要采取措施降低生产过程成本。

（5）服务与继承性。产品服务包括售前服务、售中服务、售后服务，像产品功能的宣传、介绍、展示、引导、安装、使用培训、使用的维护、保养、修理、更换等。为保证这些服务的落实，企业生产运作系统应具备继承性、可扩展性和兼容性的功能。

（6）交货期与生产周期。交货期主要是指在供货时间上的保证能力。现在市场竞争是"快鱼吃慢鱼"，按时交货以及较短交货期更具有竞争优势。对于生产运作系统来讲，要求及时掌握需求时间，及时调整生产计划和组织，统筹安排生产资源，缩短生产周期，以保证按时交货。

三、生产系统的空间与时间组织

（一）生产系统空间组织

为了使生产过程达到连续性、比例性和节奏性等要求，必须在空间上把生产过程的各个环节合理地组织起来，使它们密切配合，协调一致。生产过程空间组织主要有两个基本原则：

1. 工艺专业化原则

按照不同的生产工艺特征来分别建立不同的生产单位，这种分工原则称为生产工艺专业化原则。

在制造业，按工艺专业化原则建立的生产单位里，集中了相同类型的机床设备和相同工种的工人，可以对不同种类的工件，从事相同工艺方法的加工。这样的生产单位有铸造厂、锻造厂、热处理厂、铸造车间、锻造车间、机械加工车间、热处理车间、车工工段、铣刨工段等生产单位。按照工艺专业化原则建立生产单位的优点：

（1）对产品品种变化的适应能力强，不论产品如何变化，只要加工工艺的范围不变，都有相应的加工单位对其加工，保证了产品全部加工的需要；

（2）工人完成工艺相同的加工任务，操作容易熟练，可以缩短操作时间；

（3）相同的机器设备放在一起，工艺及设备管理较方便，比如将铸造设备、锻造设备、加工设备分别安装在不同的车间，比将它们混合安装在一起管理起来要方便得多；

（4）生产系统的可靠性较高，某台机器出现故障或者某个工人缺勤，相同的机器或相同技能的工人可以顶替，生产单位不会因为个别原因而不能生产。

按照工艺专业化原则建立生产单位的缺点：

（1）工件在加工过程中要经过不同的加工车间或工段，转运次数多，运输线长；

（2）不同加工单位之间协作关系复杂，协调任务重；

（3）由于任务经常变化，只能使用通用机床和通用工艺装备，通用设备的生产效率低；

（4）运输路线长和等待加工时间多，造成在制品数量大，生产周期长。

在服务业，按工艺专业化原则设立服务单位也是很常见的。如医院设有外科、产科、儿科、急诊科等；大学设有专门学科和专业，如工商管理、经济学等；有些自助餐厅，将食物按种类摆放分成不同区域。还有，一些政府机关设置的不同的职能部门，如财务部、人事部、业务部等。

2. 对象专业化原则

按不同的加工对象（产品、零件）分别建立不同的生产单位，这种分工原则称为产品对象专业化原则。

在制造业，按对象专业化原则建立的生产单位里配备了为加工某种产品（零件）所需的全套设备、工艺装备和各有关工种的工人，使该产品（零件）的全部（或大部分）工艺过程能在该生产单位内完成。这样的构成诸如汽车制造厂、发动机分厂（车间）、电机车间、齿轮工段、曲轴工段等生产单位。按对象专业化原则建立生产单位的优点：

（1）可减少运输距离，缩短运输路线；

（2）协作关系简单，简化了生产管理；

（3）由于对象固定，可使用专用高效设备和工艺设备；

（4）在制品少，生产周期短。

按对象专业化原则建立生产单位的缺点：

（1）按照特定的产品对象建立的生产单位，对品种变化的适应性差；

（2）不同的设备构成生产系统，一台设备出故障，没有替代，生产单位的可靠性较差；

（3）不同的设备集中在同一地点，造成工艺及设备管理较复杂。

在服务业，也有以对象专业化原则来建立生产单位的。如医院系统的专科医院、胸科医院、五官科医院、肿瘤医院等，到这类医院来的病人要治疗的都是同种疾病，服务对象相同或相似。在政府机关，如根据某个特殊项目的需要，从各有关职能部门抽出办事人员集中起来办理相关手续，就是对象专业化原则的应用。

（二）生产系统时间组织

对生产系统各个环节，在时间上应当进行合理的安排和组织，保证各个环节在时间上协调一致，实现连续性和有节奏的生产，以提高劳动生产率，缩短生产周期，减少库存。

一批工件在工序间移动有三种方式：

1. 顺序移动方式

顺序移动方式指一批零件或产品在前道工序全部加工完成后，整批转移到后道工序加工的移动方式。其特点是一道工序在工作，其他工序都在等待。生产周期计算公式：

$$T = n \sum_{i=1}^{m} t_i$$

式中：n——零件批量；

　　　t_i——零件在第 i 道工序的单件工时；

　　　m——工序数目。

顺序移动方法的优点是：零件连续集中加工，集中运输，减少了设备调整时间和运输工作量，设备连续加工不停顿，提高了工效。其缺点是：大多数产品有等待加工和运输的现象，生产周期长，资金周转慢，经济效益较差。

2. 平行移动方式

平行移动方式指每个产品或零件在上道工序加工完后，立即转到下道工序加工，使各个零件或产品在各道工序上的加工平行地进行。生产周期计算公式：

$$T = n \sum_{i=1}^{m} t_i + (n-1) t_{\max}$$

式中：$t_{\max}$——工序时间最长的工序时间。

平行移动方式的优点是：生产周期最短。其缺点是：当前后相邻工序加工时间不等时，会出现设备和工人操作停歇一部分时间的现象，因此不利于设备及工人工时的有效利用。

3. 平行顺序移动方式

平行顺序移动方式指一批零件或产品，既保持每道工序的平行性，又保持连续性的作业移动方式。即一批零件在某道工序尚未全部加工完毕，就将已经加工好的一部分零件转到下道工序加工，并使下道工序能连续地全部加工完成该批零件。平行顺序移动方式有两种情况：一是当上道工序的零件加工时间大于下道工序零件加工时间，则要等待上道工序完成的零件数量以保证下道工序连续加工时，才将加工完的零部件转入下道工序。二是当上道工序的零件加工时间小于或等于下道工序的零件加工时间时，上道工序完成后的零件应立即转入到下道工序加工。生产周期计算公式：

$$T = n \sum_{i=1}^{m} t_i - (n-1) \sum t_d$$

式中：t_d——相邻两工序中，工时较短的工序零件工时（共 $m-1$ 个）。

平行顺序移动方式综合了前两种移动方式的优点，既缩短了一批零件加工的周期，又避免出现设备间歇运转的现象。但这种方法计算起来相对比较复杂。

四、生产类型

生产类型是按照一定标志对企业生产过程所做的一种分类，其目的是根据生产类型的特点采用合适的管理模式和管理方法。根据转换过程输出结果不同，可分为制造性生产过程和服务性运作过程。

制造性生产过程是将生产要素输入，经过物理、化学变化转化为有形物品输出。制造性生产过程按不同标志可划分不同生产类型：

（1）按工艺过程特点划分：连续（流程）型、离散（加工装配）型。连续（流程）型生产过程是连续进行的，不能中断，原料经过固定的工艺流程连续不断地经过一系列设备和装置被加工成成品。如化工、炼油、水泥、造纸都是流程型生产。离散（加工装配）型生产过程是离散的，其生产的产品是由许多零部件组成，各零部件的加工装配过程彼此独立，制成的零件通过部件装配和总装配，最终成为成品。如机械制造、电子设备制造行业的生产过程。

（2）按物流特征划分：V 形、A 形、T 形。"V"形"物流"是由一种原材料加工或转变成许多种不同的最终产品；"A"形是由许多种原材料加工或转变成一种最终产品；而"T"形则是"A"形的一个发展，其最终产品有多种。

（3）按企业组织生产的特点划分：备货型生产（Make-To-Stock，MTS）、订货型生产（Make-To-Order，MTO）。备货型生产也称存货型生产或按库存生产，是在预测市场需求量的基础上，有计划地进行生产，产品有库存。订货型生产是指按用户订单进行的生产。用户可能对产品提出各种各样的要求，经过协商和谈判，以协议或合同的形式确认对产品性能、质量、数量和交货期的要求，然后组织设计和制造。例如，锅炉、船舶等产品的生产，属于订货型生产。

（4）按产品品种和生产数量划分（或生产任务的重复程度）：大量生产、成批生产、单件生产。大量生产的特点是产品稳定，品种少，产量大，每个工作地固定执行一道或少数几道工序，工作地专业化程度高，普遍采用高效率的专用设备和专用工具，有利于实行流水生产。成批生产的特点是产品品种相对稳定，品种稍多，每一品种的产量较大，工作地是成批和定期轮番生产若干种产品或零件，工作地专业化程度不高，当一批产品（零部件）制造完毕改制另一批产品（零部件）时，往往需要重新调整设备和工艺装备。成批生产又可分为大批生产、中批生产和小批生产。大批生产的特点接近大量生产，小批生产的特点接近单件生产。单件生产的特点是产品不稳定、品种多，每一品种的产量很小，经常生产一件或几件，不重复生产或偶尔重复生产。由于品种变换频繁，要求生产运作系统有很大的适应性。因此，单件生产多数采用通用或富于柔性的设备，设备是按照工艺专业化布置的，同时要求工人有较高的技术水平。

服务性运作过程按照劳动密集程度与顾客接触程度可进行如下分类：①按是否提供有形产品分为纯劳务运作和一般劳务运作。②按顾客是否参与分为顾客参与的服务运作和顾客不参与的服务运作。③按资本、劳动密集程度和顾客接触程度，可以分为四种：大量资本密集服务、专业资本密集服务、大量劳务密集服务和专业劳务密集服务。（图 3 - 1）。

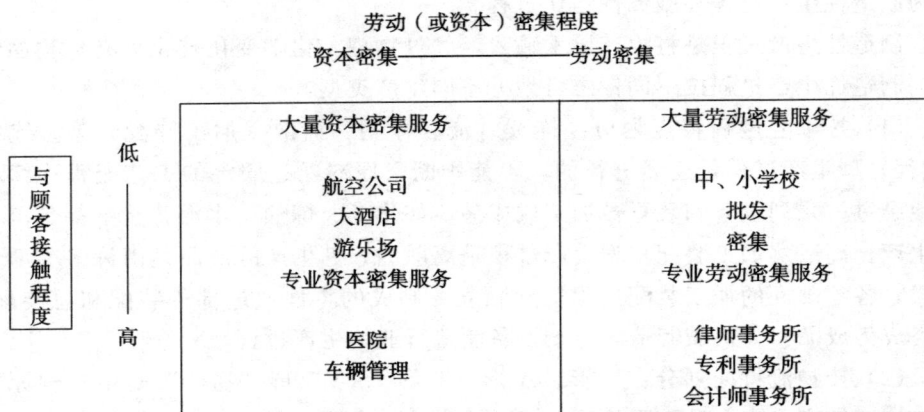

劳动（或资本）密集程度

资本密集————————劳动密集

与顾客接触程度	低	大量资本密集服务 航空公司 大酒店 游乐场 专业资本密集服务	大量劳动密集服务 中、小学校 批发 密集 专业劳动密集服务
	高	医院 车辆管理	律师事务所 专利事务所 会计师事务所

图 3 - 1　服务性运作过程的分类

五、生产方式发展与演变

企业资源配置方式称为生产方式。工业化革命后，生产方式主要是作坊式的单件小批生产，到了 20 世纪初，以福特实现的大批大量制造汽车的流水线为标志，人类开始了从手工制造模式向大批大量制造模式的第一次转变。20 世纪 50 年代，为了满足多品种需求，产生了成组技术（Group Technology，GT），在一定程度上从技术角度解决了多品种生产问题。20 世纪 80 年代后期，美国、西欧、日本等发达国家和地区提出"要进行人类制造模式的第二次大转变"。20 世纪 90 年代以来新生产方法、方式不断涌现，如计算机集成制造、精益生产、最优化技术与约束理论、流程再造、敏捷制造、大规模定制等，这些研究的结果形成了革新企业组织与企业管理的新思想，奠定了生产方式第二次转变的基础。

（一）生产方式的演变历程

不同的社会发展历史阶段，其主要的生产方式也不同。自从人类社会发展以来，生产方式经历了从作坊式单件小批量生产方式向大批大量生产方式的转变，目前正面临第二次生产方式转变。

1. 作坊式单件小批量生产方式

工业革命开始于 18 世纪 60 年代的英国。18 世纪中叶，工业生产过程首次形成。工厂制度产生以来，社会的基本生产组织形式从以家庭、手工工场为单位转向以工厂为单位，机器生产代替了手工操作，生产规模迅速扩大，企业内部的分工日益细微，协作更加广泛。大量管理经验及实践的积累，为建立早期管理理论打下了基础。

英国经济学家亚当·斯密在 1776 年写了《国富论》一书，系统地阐述了劳动价值论及劳动分工理论。这本书是生产经济学发展中的一个里程碑。在亚当·斯密之后，一位英国人查尔斯·巴贝奇扩大了斯密的观察范围，在生产组织和经济学方面提出了许多富有启发性的观点。

这一阶段的主要特征是：①市场物质不丰富，为分散化的卖方市场。企业的竞争焦点是如何高效地生产出新产品，满足用户要求。②管理组织特征是集权型组织结构。③此时生产管理的主要内容是如何以较高的效率，生产出满足用户要求的产品。

2. 大批大量生产方式

20 世纪初，泰勒提出了以劳动分工为基础的科学管理思想。1913 年，福特在自己的汽车公司内，运用泰勒制，创造了用于大量生产廉价的 T 型汽车的专用流水线，标志着大批大量生产方式的诞生，实现了生产方式的第一次变革。到了 20 世纪 50 年代，这一生产方式成为主流。

大批大量生产方式的特征是：①以规模化的需求和区域性的卖方市场为主，市场需求比较单一；②多级阶梯控制的组织结构，形成一个上层决策，中层管理控制，下层执行的宝塔；③降低成本是大批大量生产方式的主要竞争策略；④资金的高投入，教育和科技的低投入；⑤生产产品种类单一，生产能力稳定，生产计划、实施与控制比较容易在企业生产过程中采用以刚性的流水线为典型的低成本生产技术，质量易于控制，设备维修以预防维修为主。这种生产方式经过了半个多世纪的发展，适应了较单一的市场需求，是生产力发展到一定阶段的表现。

3. 新生产方式涌现

20 世纪 90 年代以来，新的生产管理方法、思想与方式不断涌现，而且信息技术的广泛应用已大大开始影响生产管理方式。

计算机集成制造系统（Computer Integrated Making System，CIMS）是随着计算机辅助设计与制造的发展而产生的。它是在信息技术自动化技术与制造的基础上，通过计算机技术把分散在产品设计制造过程中各种孤立的自动化子系统有机地集成起来，形成适用于多品种、小批量生产，实现整体效益的集成化和智能化制造系统。

ERP（企业资源计划）从 20 世纪 70 年代 MRP（物资需求计划）发展起来，

经历了从概念到软件，再到管理方式的转变历程。现在 ERP 应用已经不再是针对某一种生产类型的软件，而是一种以供应链为核心的管理方式。

丰田生产方式也从 20 世纪 70 年代开始，由美国人研究提炼精益生产，进一步发展到精益思想。精益思想的原则不仅可应用于制造业，还可以指导服务业提高其效率，实现"尽善尽美"，减少浪费。

20 世纪 80 年代，美国国防部在拟定制造技术的长期规划时，提出了"敏捷制造"（Agile Manufacturing），作为"21 世纪制造企业战略"。敏捷制造强调的是响应需求的速度，而且以信息高速公路为前提条件，突出的特色是动态联盟与虚拟制造。

20 世纪末，开始研究多样化需求与大规模生产结合，派恩在《大批量定制——企业竞争的新前沿》中提出大规模定制（Mass Customization）。这种生产管理方式是以大批量生产的成本和速度，提供定制的个性化产品和服务。基本思路是尽可能减少产品的内部多样化，增加产品的外部多样化，实现以大批量生产的低成本、高质量和短交货期向客户提供个性化的定制产品。大规模定制强调的是低成本的定制化生产。

此外，还有一些管理技术和方法为这些生产方式提供了有力支持，包括并行工程（也称同步工程）、成组技术、业务流程再造与优化方法等。

（二）生产方式变革的原因

生产方式是生产力和生产关系的统一，生产方式变革的内在动力是技术进步和人的素质提高，外在动力是市场环境变化和社会进步。

1. 技术发展

18 世纪 60 年代，源于英国的以蒸汽机为主要标志的第一次工业革命，使机械化生产得以诞生和发展。19 世纪 70 年代，以电力的广泛应用为主要标志的第二次工业革命，为制造业提供了更强大的动力来源，逐步实现了制造业的机械化大生产。互换技术的应用，使得流水线生产得以实现，实现了第一次生产方式的转变。第二次世界大战后，高新技术，特别是电子技术的飞速发展，柔性技术的应用，为满足多样化的需求提供了技术支持。20 世纪 60 年代信息技术的发展，不仅改变了人们的工作方式和生活方式，还对企业经营方式产生了重要影响。如网络技术的发展密切了企业与客户、企业与企业的关系，企业可以确切了解客户的需求和喜好，并迅速做出响应；同时企业间可以根据各自竞争优势进行跨区域的合作，更好地满足客户需求。因此，技术的发展使以较低成本满足个性化的需求成为可能，是企业生产方式变革的内在因素。

2. 人的素质提高

随着人类社会的发展，人员素质不断提高，管理水平与技术不断进步，这促进了生产方式的变革。在作坊式的单件生产时期，作坊主既是管理者，也是生产中的多面能手,对于新人,采取师傅带徒弟的培训方式。当时这样的作坊主数量是有限的。随着机器的使用,产生了劳动分工,到了 20 世纪初,劳动分工发展到极限,每个操作者在现场只操作简单的步骤,不需要较高的技艺,就像《摩登时代》一样。而随着社会发展,人们广泛地接受较高水平的教育,人员素质也得到了改善,人们对简单的劳动感到厌倦,开始具备从事较复杂工作的能力,为企业快速响应顾客定制化需求提供了人力的支持与保证。

3. 需求变化

在物资匮乏的年代,产品完全是为了实用,对商品的需求带有普遍性,那时候完全可以采用大批量生产方式。当人们的基本需求得到满足以后,就会很自然地提出更高层次的需求——个性化需求,这就需要进行定制化生产。传统的定制化生产是以高成本、长生产周期实现的,这只能满足少量客户的需求。随着竞争日益激烈,企业努力探索快速满足客户的生产方式,于是有了大规模定制生产和敏捷制造。这两种生产方式分别从成本和反应速度两个角度实现定制化生产,所以市场需求的变化可以说是生产方式变革的外在动力。

4. 社会进步

随着社会的进步、社会文明程度的提高,可持续发展的呼声越来越高。我国21 世纪可持续发展的核心内容之一,就是实施"绿色计划"的一系列环境保护活动。目前各国普遍重视按可持续发展的要求大力倡导绿色制造,其目标是使工业产品从设计、制造、包装、运输、使用到报废处理的整个产品生命周期,对环境影响最小、资源利用率最高、不损害人体健康,并取得显著的经济效益和社会效益。所以实施绿色生产是社会进步与文明的表现,也是企业必须践行的社会责任。传统单件定制产品的能耗和材料消耗比较高,而大量生产又不能快速响应定制化生产,这必然促使企业生产方式向绿色生产方式转变。因此,社会进步成为生产方式变革的另一个外在动力。

(三)企业未来生产方式——敏捷定制化绿色生产方式

敏捷定制化绿色生产方式是以可持续发展为基本要求,集合敏捷制造快速响应、大规模定制化的低成本定制的优势,以信息技术、先进开发与制造技术和管理技术为手段,综合考虑环境负影响和资源利用的企业现代生产方式。这种生产方式融合了现代先进的生产管理思想与理念,符合企业未来发展方向。

敏捷定制化绿色生产方式集合了敏捷制造基于网络的快速响应市场,以及定制化生产满足客户需求多样性和个性化的优点。具体的特点是:①强调可持续发展。可持续发展是企业未来发展的主题,也是社会对企业的要求。企业应完全服务于社会,提倡清洁生产,减少浪费,全面消除企业生产给社会和环境带来的负面影响。②快速响应客户需求。未来企业竞争模式是快鱼吃慢鱼,企业只有快速响应客户需求才能在市场竞争中立足。网络技术使企业可以及时、确切地了解客户需求。企业内部的扁平化组织结构可有效地缩短信息传递的时间。③实现低成本的定制化生产。模块化设计、减少内部多样化以及不必要的外部多样化是实现低成本定制化生产的关键。④基于虚拟环境的数字化开发设计技术以及柔性的制造技术，有效缩短了产品开发与生产周期，使企业能够快速地生产个性化的产品。⑤强调提高人员素质。人员素质的提高对于企业提高应变能力至关重要。产品开发设计人员往往在不确定环境下进行产品的开发设计，这对开发设计人员提出了很高的要求。由于市场环境变幻不定，因此往往需要生产现场的生产者具有多方面的技能。

六、现代生产管理特征

随着社会发展和科学技术进步，20 世纪 80 年代生产管理呈现了以下主要特征：

（一）生产管理范围扩大

从生产管理概念发展历程可以看出生产管理范围不断扩大。产业革命以来，生产管理对象主要是工业企业，典型是制造业，因此这时称为生产管理（Production Management）。随着科学技术发展与社会进步，国民经济发展从制造业向第三产业过渡，生产管理也被生产与运作管理（Production And Operations Management）替代，对象扩大到服务性企业。之后随着服务业不断发展，生产管理直接成为运营管理（Operation Management）。因此，从行业上看，从制造业扩展到服务业，生产系统产出从有形产出到无形产出。

另外，为了快速响应市场多样化需求，生产过程不断集成，生产系统不断由内部向"外"扩展。这不仅包括生产过程管理内容，还"前伸后延"。"前伸"涉及战略部署、产品设计以及采购供应，"后延"是指有些生产过程需要在向客户交付时完成。

（二）多品种中小批量生产成为生产方式的主流

多品种中小批量生产是指生产的品种种类较多，但每一个品种生产数量较少的生产方式。

随着生产率大幅度提高，企业不断向市场提供大量的产品，人们的基本需要已经得到满足，对商品也由过去数量上的需求向质量上的需求转化，这就要求企业提供更多、更好、不同品种的商品供不同层次的人们选择；同时市场的竞争日趋激烈，新技术、新设备的不断出现与采用，产品寿命周期不断缩短，使得企业有能力且必须不断推出新产品；另外，市场也逐步由卖方市场向买方市场转变。因此，企业要生存和发展，就必须不断地改进产品，尽快地推出质量好、价格低的多样化产品，最大程度地占领市场。

在 20 世纪 60—70 年代，国外开始研究多品种小批量生产途径，如成组技术的应用。到了 20 世纪后期，多品种中小批量生产成为生产方式的主流，并逐渐被定制化、精益化、敏捷化生产方式替代。生产方式的这种转变，使得生产管理面临着如何解决多品种、中小批量生产与降低成本之间的矛盾。

（三）柔性定制化生产备受关注

市场需求日益多样化、多变化，要求企业通过系统结构、人员组织、运作方式和市场营销等方面的改革，使生产系统能对市场需求变化做出快速的适应，同时消除冗余无用的损耗，力求企业获得更大的效益。对产品需求量的变化、产品本身及交货时间变化的适应能力已经成为企业的主要竞争战略。

第二节　精益思想和精益管理理念

《改变世界的机器》把丰田生产方式定名为精益生产，并对其管理思想的特点与内涵进行了详细的描述，1996 年该书部分作者出版了它的续篇《精益思想》，进一步从理论的高度归纳了精益生产中所包含的管理思维，将精益方式扩大到制造业以外的所有领域，把精益生产方法外延到企业活动的各个方面，不再局限于生产领域，从而促使管理人员重新思考企业流程，消灭浪费，创造价值。

一、精益思想

（一）精益思想的概念

精益是指通过持续地消除浪费，以资源的最低需求向客户提供完美价值，最终实现企业的经济增值的管理模式。精益思想包括精益生产、精益管理、精益设计和精益供应等一系列思想，其核心是通过及时适量、零库存、传票卡等现场管理手段实现订货生产，从而确保产品质量并降低成本。精益思想最初体现在对产品质量的控制上，即不追求产品的成本优势和技术领先，而是强调产品的成本与技术的合理匹配、协调。企业界将精益思想逐步引申、延展到企业经营活动的全过程，即追求企业经营投入和经济产出的最大化、价值最大化。从字面意思来看，"精"体现在质量上，追求尽善尽美、精益求精；"益"体现在成本上，只有成本低于行业平均成本的企业才能获得收益。精益思想不是单纯追求成本最低、企业眼中的质量最优，而是追求用户和企业都满意的质量、成本与质量的最佳配置、产品性能价格的最优化。

（二）精益思想的核心

精益思想的核心就是消除浪费，以较少的人力、较少的设备、较短的时间和较小的场地等创造出尽可能多的价值；越来越接近用户，提供他们确实要的东西。精益思想的关键是精确定义价值；确定每个产品的全部价值流；使创造价值的各个步骤流动起来，使需要若干天才能办完的订货手续，在几小时内办完，使传统的物资生产完成时间由几个月或几周减少到几天或几分钟；及时跟上不断变化的顾客需求，在用户真正需要的时候进行设计、安排生产，制造出用户真正需要的产品，按用户需要拉动产品，而不是把用户不想要的产品硬推给用户，如表3－2所示。

表 3 - 2　精益思想的核心

名称	内涵	关键点
定义价值	价值分为有价值、无价值但必要和无价值三种，只有满足客户需求的产品或服务才是有价值的	1. 减少无价值但必要的动作 2. 消除无价值的动作 3. 提高客户的满意度 4. 降低企业的生产成本
识别价值流	价值流是在将原材料加工为成品过程中对产品赋予价值的全部活动	1. 区分价值流中的增值活动和非增值活动 2. 对非增值活动进行持续改善以达到消灭浪费的目的
流动	强调不间断地流动，要求全过程有价值的活动都要流动起来	1. 打破部门化、批量生产的思想 2. 强调生产的流线化、标准化、均衡化
拉动	根据客户需求安排生产计划	1. 减少和消除过早、过量的投入 2. 减少库存浪费和过量生产浪费 3. 压缩生产周期
尽善尽美	用户满意、无差错生产、企业自身的持续改进	不断地用价值流分析方法找出更隐藏的浪费，做进一步改进，形成良性循环并趋于尽善尽美

（1）定义价值（Value）。精益思想认为产品或服务的价值最终由客户来确定，只有满足客户需求的产品或服务才是有价值的。精益思想颠覆了传统的大量制造的观念，重新定义了企业原则和价值观。价值分为有价值、无价值但必要和无价值三种，只有满足客户需求的动作才是有价值的。精益思想的价值观强调以客户为中心审视企业生产全过程每个环节的各种活动，减少无价值但必要的动作、消除无价值的动作，在提高客户满意度的同时，降低企业自身的生产成本，实现企业与客户的双赢。

（2）识别价值流（Value Stream）。价值流是指企业将原材料加工为成品过程中对产品赋予价值的全部活动，包括从概念产生到投入生产的产品开发过程、从物料需求计划制订到供应商送货的信息过程、从原材料到产品的加工转换过程，以及全生命周期的支持和服务过程。识别价值流是精益思想的起点，同时价值流分析也是实施精益思想最重要的基础工具之一。通过对企业价值流进行分析，区分价值流中的增值活动和非增值活动，坚持对非增值活动进行持续改善以达到消灭浪费的目的。

（3）流动（Flow）。流动和拉动是实现精益思想的中坚，精益思想强调的是不间断的流动，要求全过程有价值的活动都要流动起来。受限于传统部门分工和批量生产等传统观念和做法，企业的价值流动经常会被阻断。精益思想认为有停顿的地方就有浪费，强调生产的流线化、标准化、均衡化，通过推动单元生产模式，打破传统的部门化的、批量生产的思想。

（4）拉动（Pull）。拉动是以客户为发起点，根据客户需求安排生产计划的一种生产方式，不同于传统的推动式生产方式，客户、下道工序在货架上就可以取得所需物品，而非强行推给客户。拉动原则由于实现了需求和生产过程的对应，可以减少和消除过早、过量的投入，从而减少库存浪费和过量生产浪费，还大大压缩了生产周期。当客户提出需求后，立即进行设计、采购、加工，准时地将所需产品提交给客户，最终实现预测式生产，直接按客户实际需求进行生产。

（5）尽善尽美（Perfection）。定义价值、识别价值流、流动和拉动的相互作用，结果就是价值流动速度显著加快。不断地用价值流分析方法找出更隐藏的浪费，做进一步改进，良性循环成为趋于尽善尽美的过程。精益制造的尽善尽美有三个含义：用户满意、无差错生产和企业自身的持续改进。尽善尽美永远是一个目标，持续地对尽善尽美的追求，将造就一个永远充满活力、不断进步的企业。

二、精益生产的管理思想

与精益生产相关的生产系统的名称有多种，如丰田生产方式（Toyota Production System）、准时制生产（Just-In-Time Production）、看板生产方式（Kanban Production System）、世界级制造（World Class Manufacturing）、零库存生产方式（Zero Inventory Production）、连续流制造（Continuous Flow Manufacturing）等等。这些概念与精益生产的关系可以认为是同一种事物在不同发展阶段和不同地域的不同理解和称呼。所以，从管理的角度来看，精益生产理论就是一种管理思想，本文就从精益生产管理思想的角度来分析精益生产。

（一）精益生产管理思想——精益管理的分析

精益管理是在精益生产的基础上，根据德国的实际情况，进一步发展而来的。精益管理与成组技术有许多相似之处，但比成组技术范围要广。

精益生产管理思想最终目标必然是企业利润的最大化。但管理中的具体目标，则是通过消灭生产中的一切浪费来实现成本的最低化。并行工程与全面质量管理的目标更偏重于对销售的促进。同时，全面质量管理是为了消灭生产中的浪费。对于不良品的加工只能是浪费，且掩盖了生产中隐藏的问题，造成进一步的浪费。相对于传统的大批量生产方式，全面质量管理与并行工程并非精益生产所独创，但在精益生产体系中，它们体现了更好的效益。

拉动式准时化生产则是精益生产在计划系统方面的独创，并具有良好的效果。其根本在于，既向生产线提供良好的柔性，符合现代生产中多品种、小批量的要求，又能充分挖掘生产中降低成本的潜力。

在前面的精益生产体系图中我们也可以看出，精益生产正是通过准时化生产、少人化、全面质量管理、并行工程等一系列方法来消除一切浪费，实现利润最大化。我们可以发现，精益生产中最具有特色的方法是，它在组织生产中对消灭物流浪费的无限追求，即对物流环境的需求和内部的分权决策。进一步分析精益生产可以发现，拉动式准时化生产及少人化之所以能够实现，全面质量管理与并行工程之所以能够发挥比大批量生产更大的作用，核心在于充分协作的团队式工作方式。此外，企业外部的密切合作环境也是精益生产实现的必要且独特的条件。

（二）精益管理的基本战略

精益管理的基本战略是：

1. 拓宽解决问题的能力

解决问题的能力包括对问题的认识和分析能力，以及解决问题方法的设计和实施能力。应尽可能将所有职工结合在连续改善过程中。

2. 减少系统的复杂性

产品、层次型组织结构和过程的复杂性不仅使企业的管理和发展变得困难，而且使生产经营成本增加。减少复杂性首先要找出产生复杂性的原因。

引起复杂性的原因有：

·企业成果的复杂性和用户要求的复杂性；

·企业规模；

·未来市场环境的不确定性和动态性；

·按功能分解的组织结构。

减少复杂性的方法如下：

·按生产流程进行管理；

·优化车间布置；

·建立与供应商的伙伴关系；

·与生产同步的采购；

· 减少产品品种的多样化；

· 减少加工深度。

（三）精益管理的基本方法

精益管理的基本方法是：

1. 预防型的质量控制

质量保证不再作为一个专业岗位，而是职工本职工作的一部分。预防型的质量控制要求尽早排除产品在生产过程中的潜在缺陷源。

2. 价值创造链的集成包括：

· 组织的集成：减少产品的加工深度，减少供应商的数量；

· 过程的集成：面向制造或装配的设计，全面质量管理；

· 时间的集成：活动的并行（只有各个活动是独立的，才能并行展开）。

3. 模块化的组织结构

模块化的组织结构包括两方面的概念：

· 生产单元：这是一种自治的小组织单元。Widemann 对德国的 20 家企业的调查表明，74％的企业已建有这种单元；

· 减少企业的层次：这 20 家企业中有 21％的企业多于三层，58％的企业为三层结构，21％的企业为两层结构。

4. 团队工作

团队工作的基础是：

· 职工的素质；

· 下放计划功能和控制功能；

· 责任和权利的统一。

引入团队工作的目的是：

· 通过赋予小控制圈以更多的责任，可以显著提高产品质量；

· 加强团队内和团队间的相互支持；

· 对职工进行专业知识的教育，发挥他们的创造能力和解决问题的潜力；

· 通过拓宽工作内容，扩大责权范围和提高对工作的满意度；

· 减少横向的部门分割，改善工作流。

5. 反求工程

为了在整体上把握整个价值创造环节和充分满足用户的需要，应该采用一种适应市场以及产品、生产和后勤管理特点的方法。反求工程从结果、用户和市场出发，进行生产计划安排。因此需要对目标成本、目标交货期和目标质量三个因素进行协调和控制。支持反求工程的组织是面向过程的组织。

反求工程要求：

· 计划人员必须将整个产品增值过程作为单一系统来考察；

· 将解决用户的问题和进行生产和后勤方面的转换作为企业重组的前提；

· 要不断地改善生产和后勤系统，提高解决问题的能力。这里要注意两方面的问题：一是接近用户，以便抓住目标（价格、时间和质量目标）和识别自己的产品在满足需求方面的作用；二是注重创造价值的过程，以便有效地进行系统改造，提高用户的满意度和效率。

6. 相互对话

通过组织单元间的相互对话，帮助全面提高生产效率和改善信息的交换状态，消除生产活动中的不协调情况。

7. 可视化的通信

可视化的通信和信息交流的作用有：

· 在出现干扰的情况下，帮助有效地解决问题；

· 改善质量；

· 改善信息和通信的关系；

· 团队的共同思考和行动；

· 提高柔性；

· 拓宽职工的处理问题的空间；

· 提高职工的积极性；

· 使工作流变得透明。

可视化通信和信息交流的工具除了信息板外，还有挂图、布告、小册子、实物模型和电影等。

（四）精益管理与成组技术

从上面的介绍中，可以看到精益管理中有许多方法是与成组技术相似的。例如：按生产流程分解；车间布置优化；减少产品品种的多样化；通过产品的模块化、标准化来减少企业复杂度、提高企业的反应能力和竞争能力等。精益管理中的面向过程的团队组织也与成组单元相似。

当然，精益管理的思想比成组技术的内涵要宽、范围要广。制造系统是一个人、技术和组织的集合体，制造系统的优化只有从系统整体考虑，才能取得较好的效果。我国的成组技术的实践也证明了这一点。

综上所述，基于内部的团队式工作方式，在外部企业密切合作的环境下，无限追求物流的平衡是精益生产管理思想也是精益思想的真正核心所在。

三、传统企业的精益之路

消灭浪费是精益企业始终不渝的追求。浪费在传统企业内无处不在：生产过剩、零件不必要的移动、操作工多余的动作、待工、质量不合格/返工、库存、其他各种不能增加价值的活动等等。向精益化转变，基本思想是通过持续改进生产流程，消灭一切浪费现象，其重点是消除生产流程中一切不能增加价值的活动。

（一）改进生产流程

精益生产利用传统的工业工程技术来消除浪费，着眼于整个生产流程，而不只是个别或几个工序。

1. 消除质量检测环节和返工现象

如果产品质量从产品的设计方案开始，一直到整个产品从流水线上制造出来，其中每一个环节的质量都能做到百分百的保证，那么质量检测和返工的现象自然而然就成了多余之举。因此，必须把"出错保护"的思想贯穿到整个生产过程，也就是说，从产品的设计开始，质量问题就已经考虑进去，保证每一种产品只能严格地按照正确的方式加工和安装，从而避免生产流程中可能发生的错误。

2. 消除零件不必要的移动

生产布局不合理是造成零件往返搬动的根源。在按工艺专业化形式组织的车间里，零件往往需要在几个车间中搬来搬去，使得生产线路长，生产周期长，并且占用很多在制品库存，导致生产成本很高。通过改变这种不合理的布局，把生产产品所要求的设备按照加工顺序安排，并且做到尽可能地紧凑，这样有利于缩短运输路线，消除零件不必要的搬动，节约生产时间。

3. 消灭库存

把库存当作解决生产和销售之急的做法犹如饮鸩止渴。因为库存会掩盖许多生产中的问题，还会滋长工人的惰性，更糟糕的是要占用大量的资金。在精益企业里，库存被认为是最大的浪费，必须消灭。减少库存的有力措施是变"批量生产、排队供应"为单件生产流程。在单件生产流程中，基本上只有一个生产件在各道工序之间流动，整个生产过程随单件生产流程的进行而永远保持流动。理想的情况是，在相邻工序之间没有在制品库存。实现单件生产流程和保持生产过程的流动性还必须做到以下两点：

·同步——在不间断的连续生产流程里，必须平衡生产单元内每一道工序，要求完成每一项操作花费大致相同的时间。

·平衡——合理安排工作计划和工作人员，避免一道工序的工作荷载一会儿过高，一会儿又过低。但是，在某些情况下，还必须保留一定数量的在制品库存，而这个数量就取决于相邻两道工序的交接时间。

实施单件生产流程、同步和平衡这些措施，其目标是使每项操作或一组操作与生产线的单件产品生产时间（Tact Time）相匹配。单件产品生产时间是满足用户需求所需的生产时间，也可以认为是市场的节拍或韵律。在严格地按照 Tact Time 组织生产的情况下，产成品的库存会降低到最低限度（在下面的例子中，将会深入研究 Tact Time）。

（二）改进生产活动

仅仅对生产流程予以持续改善，还不足以实现精益化生产，还要进一步改善生产流程中的个别活动，以更好地配合改进过的生产流程。在没有或有很少库存的情况下，生产过程的可靠性至关重要。要保证生产的连续性，必须通过减少生产准备时间，机器检修、待料的停工时间和减少废品的产生。

1. 减少生产准备时间

减少生产准备时间一般的做法是：

·认真细致地做好开机前的一切准备活动，消除生产过程可能发生的各种隐患。

·列举生产准备程序的每一项要素或步骤；

·辨别哪些因素是内在的（需要停机才能处理）；哪些是外在的因素（在生产过程中就能处理）；

·尽可能变内在因素为外在因素；

·利用工业工程方法来改进技术，精简所有影响生产准备的内在的、外在的因素，使效率提高。

2. 消除停机时间

全面生产维修（Total Productive Maintenance，TPM）是消除停机时间最有力的措施，包括例行维修、预测性维修、预防性维修和立即维修四种基本维修方式。

·例行维修——操作工和维修工每天所进行的维修活动，需要定期对机器进行保养。

·预测性维修——利用测量分析技术预测潜在的故障，保证生产设备不会因机器故障而造成时间上的损失。其意义在于未雨绸缪，防患于未然。

·预防性维修——为每一台机器编制档案，记录所有的维修计划和维修记录。对机器的每一个零部件都做好彻底、严格的保养，适时更换零部件，保证机器不发生意外故障。

·立即维修——当有故障发生时，维修人员要招之即来，随叫随到，及时处理。

由于在连续生产流程中，两道工序之间少有库存，若机器一旦发生故障，整个生产线就会瘫痪，因此消除停机时间对维持连续生产意义重大。TPM 的目标是零缺陷、无停机时间。要达到此目标，必须致力于消除产生故障的根源，而不仅仅是处理好日常表现的症状。

3. 减少废品产生

严密关注产生废品的各种现象（比如设备、工作人员、物料和操作方法等），找出根源，然后彻底解决。此外，那些消除返工的措施也同样有利于减少废品的产生。

（三）提高劳动利用率

提高劳动利用率，有两个方面：一是提高直接劳动利用率，二是提高间接劳动利用率。

1. 提高直接劳动利用率

提高直接劳动利用率的关键在于一人负责多台机器，这就要求对操作工进行交叉培训，交叉培训的目的是使生产线上的操作工可以适应生产线上的任何工种。交叉培训赋予了工人极大的灵活性，便于协调处理生产过程中的异常问题。实现一人多机的前提是建立工作标准化制度。工作标准化是通过对大量工作方法和动作进行研究，以决定最有效和可重复的方法。工作时员工必须严格地按照标准化进行，其意义不仅在于直接劳动的利用率的提高，而且提高了产品的质量，因为出错保护和防止废品产生等一系列技术措施的采用，确保了每一项操作只能按照唯一正确的方法进行。

在生产设备上安装自动检测的装置同样可以提高直接劳动利用率。生产过程自始至终处在自动检测装置严密监视下，一旦检测到生产过程中有任何异常情况发生，便发出警报或自动停机。这些自动检测的装置在一定程度上取代了质量检测工人的活动，排除了产生质量问题的原因，返工现象也大大减少，劳动利用率自然提高。

2. 提高间接劳动利用率

间接劳动利用率随生产流程的改进和库存、检验、返工等现象的消除而提高，那些有利于提高直接劳动利用率的措施同样能提高间接劳动率。库存、检验、返工等环节所消耗的人力和物力并不能增加产品的价值，因而这些劳动通常被认为是间接劳动，若消除了产品价值链中不能增值的间接活动，那么由这些间接活动引发的间接成本便会显著降低，劳动利用率也相应得以提高。

总而言之，精益生产是一个永无止境的精益求精的过程，它致力于改进生产流程和流程中的每一道工序，尽最大可能消除价值链中一切不能增加价值的活动，提高劳动利用率，消灭浪费，在按照顾客订单生产的同时最大限度地降低库存。精益是一种全新的企业文化，而不是最新的管理时尚。由传统企业向精益企业的转变不能一蹴而就，需要付出一定的代价，并且有时候还可能出现意想不到的问题，让那些热衷于传统生产方式而对精益生产持怀疑态度的人，能举出这样或那样的理由来反驳。但是，那些坚定不移走精益之路的企业，大多数在6个月内，有的甚至还不到3个月，就可以收回全部改造成本，并且享受精益生产带来的好处。

第三节　5S 管理

一、5S 管理的定义与效用

　　5S 是指一种工作现场的规划管理方法，包括整理（SEIRI）、整顿（SEITON）、清扫（SEISO）、清洁（SEIKETSU）、素养（SHITSUKE）五个项目。因在日语中罗马拼音皆以 S 开头，故称为 5S 管理。现今的研究还考虑安全（SAFETY）的因素，将 5S 管理拓展到 6S 管理。5S 管理起源于日本，通过规范现场管理营造良好的现场氛围和工作环境，培养员工良好的工作习惯，最终提升人的品质。在 5S 管理中，各要素相互关联，如图 3-2 所示。5S 管理的内涵体现在以下方面：①培养认真的工作态度，注重工作中的细节；②严格遵守现场管理规定；③自觉维护工作环境，使工作环境有序整洁；④文明礼貌。

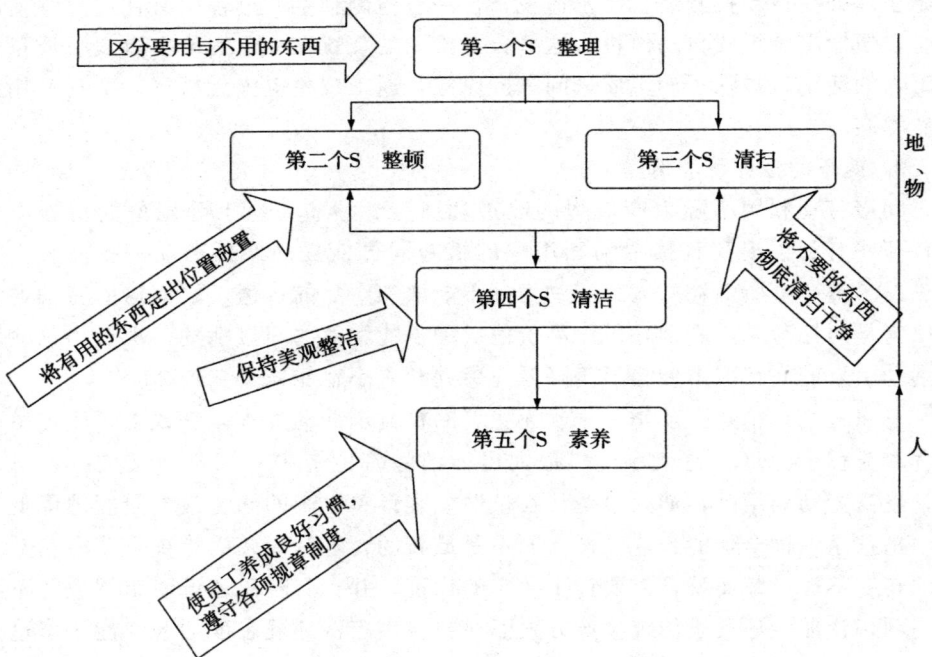

图 3-2　5S 关联图

　　5S 管理不仅能改善生产环境，还能够提高生产效率、产品质量、员工士气，是其他管理活动有效展开的基石之一。

　　在一些工厂中，普遍存在现场混乱、卫生状况差的情况。常见物料随意摆放和加工现场充满油污，不利于设备的保养，影响了生产效率。同时，员工在现场缺乏严格约束，缺乏工作积极性。5S 管理方法可以系统地改善这些现象，提高生产效率，提升员工品质。

5S 管理是现场管理的基础，是全面生产维护的前提，是质量管理的第一步，也是质量体系标准有效推行的保证。5S 管理能使员工积极参与现场管理，严格遵守标准。在企业推行全面生产维护、质量管理、质量体系标准活动时易于得到员工的支持和配合。全面生产维护、质量管理、质量体系标准活动的推行效果具有隐蔽性和长期性。5S 管理可以产生立竿见影的效果，增强员工推行上述三种活动的信心。

二、5S 管理的目的与实施要领

（一）整理

整理是指区分需要与不需要的物品，使现场只保留必需的物品。具体做法为对生产现场的实际摆放和停滞的物品进行分类。清除现场不需要的物品，如废料、多余半成品、切屑垃圾、工人个人生活物品等。

1. 整理的目的

（1）改善和增加作业面积，使现场无杂物，从而提高工作效率。

（2）减少磕碰机会，保障生产安全，提高产品质量。

（3）消除管理上的混放、混料等差错事故，有效防止误用、误送。

（4）减少库存量，节约资金。

（5）改变作风，使员工心情舒畅，提高工作热情。

2. 整理的实施步骤

（1）按照定置区域对生产现场进行全面检查。范围通常包括办公区、生产区、生活区等。检查范围要全面，不留任何死角。

（2）对生产现场的物品进行分类。生产现场物品可根据实际情况进行分类。

（3）将分好的物品进行归类，尽可能将同种类型的物品放在同一个地方。有使用期限的物品应按各个期限分开放置。

（4）检查工作场所后，确定什么是需要的、什么是不需要的。同时需关注各种物品的使用频率。

（5）当清理出不需要的物品时，需制订相应的处理程序。

（6）现场中，各种物品使用频率可能相差较大。在处理时需制订不同物品的处理标准。

（7）根据标准清除不需要的物品。

（8）每日自我检查，各班组通过每日对照整理表，及时处理当天的问题，使整理的效果长久地保持下去。

（二）整顿

整顿是指将必需物品放于任何人都能够立即取到的位置。对必需物品的巧妙布局能够缩短员工寻找和拿取物料的时间，从而提高工作速度。整顿的目的在于不浪费时间寻找物品，提高工作效率和产品质量，保障生命安全。整顿的意义在于把需要的人、事、物加以定量和定位。通过前一步整理后，对生产现场需要留下的物品进行科学合理的布置和摆放，以最快的速度取得所需之物，在最有效的规章、制度和最简洁的流程下完成作业。

1. 整顿的三要素

（1）放置场所：所有物品的放置场所原则上要 100％设定，即物品的保管要定点、定容、定量，生产线附近只能放真正需要的物品。

（2）放置方法：所有物品要容易取放，即不超出所规定的范围，在放置方法上多进行研究并标准化。

（3）标识方法：放置场所和物品原则上要有一一对应的标识，即物品的标识和放置场所的标识要完全对应，标识方法要标准化。

2. 整顿的三原则

（1）定点。又称定位，即根据物品的使用频率和使用便利性，决定物品所应放置的场所。一般使用频率越低的物品应该放置在距工作场所越远的地方。通过对物品的定点，能够维持现场的整齐，提高工作效率。

（2）定容。定容是为了解决使用容器的问题。在现场中，通过采用合适的容器，并加上相应的标识，使现场有条不紊，有助于培养管理者的科学管理意识。

（3）定量。确定保留在工作场所或其附近的物品数量。物品数量的确定应以不影响工作为前提，数量越少越好。通过定量控制，使生产有序，减少浪费。

3. 整顿的四个步骤

（1）分析现场物品的日常存量。现场物品可分为固定物品、易耗品、根据生产单领用的物品（如标准件和原材料等）。需要确定日常存量的是易耗品，其余两种物品的存放量是相对固定的，根据生产单领用的物品的正常存量需要进一步确认，以便测算所需的存放空间。

（2）明确放置场所。在一般企业中，生活区域和办公区域难以规范和统一。因此，需要根据实际情况对生产区、办公区、生活区加以规划，以达到整顿的目的。

（3）明确放置方法。需要注意物品的用途、功能、形态、大小、重量、使用频率等因素。放置方法有置于盒子中、架子上、悬挂等。尽可能利用立体空间，通过架子等的使用提高空间利用率。同类物品集中放置，标准件需要按照规格从小到大依次放置。同一工具柜中不同物品需分开定位。

（4）明确标识。即班组物品的标识。个人衣物柜、衣帽柜、饮水工具放置装置以阿拉伯数字为标识，班组内每位成员对应一个数字，以确定每个人衣物柜、衣帽柜、饮水工具的位置。工具柜的标识为工具柜内物品的类别名称,工具柜内物品需要有相对应的物品名称标识,标准件还需注明规格。

(三)清扫

清扫即清除现场内的脏污,清除作业区域的物料垃圾。清扫的目的在于除去脏污,保持现场干净明亮。清扫要彻底、无废物、无污迹、无灰尘、无死角。清扫中要使用自己的物品,不要依赖别人,不要增加专门的清扫工。对设备的清扫要同设备的点检、维护、保养相结合。清扫也是为了改善,在清扫中发现泄漏和污染时要及时查明原因,及时解决。

清扫的实施步骤有以下几方面。

(1)实施区域责任制。对清扫进行区域划分,实行区域责任制,避免存在无人负责的死角。

(2)彻底清扫。从工作场所扫除一切垃圾灰尘,班组一线人员要全员参与,亲自动手。在清扫中不留死角,对现场设备也要进行全面清扫。

(3)调查污染源并采取相应措施。推行5S管理需要彻查污染源,明确污染物来源、责任人、处理方法等。

(4)制订相关的清扫要求。从地面、墙面、衣柜、饮水机、工具柜、设备、垃圾处理等方面制订详细的清扫要求,并要督促执行。

(四)清洁

清洁排在整理、整顿、清扫等管理工作之后,通过认真维护已取得的成果,使其保持完美和最佳状态,并将整理、整顿、清扫进行到底,使之制度化和标准化。清洁是为了通过制度化、标准化维持前面3S的成果,培养良好的工作习惯;增加客户的信心,创造明朗、整洁的工作现场;形成卓越的企业文化,提升企业形象。

在清洁的实施中,要做到营造卫生整洁的车间环境,保证工人健康,提高工人劳动热情。同时要保持工人本身清洁,如着装得体、仪表整洁等。工人待人接物同样要讲礼貌,尊重别人。在清洁中要使环境不受污染,进一步消除浑浊空气、粉尘、噪声和污染源,消灭职业病。

清洁通过以下步骤实现。

(1)制订相关检查办法,对整理、整顿、清扫的执行情况进行检查。

(2)制订奖惩制度,采取奖"进"罚"退"的手段保证整理、整顿、清扫的健康发展。

(3)采取多种措施加强改善效果,如在检查过程中找到问题点并悬挂红牌,从而引起责任单位注意并促其改善。利用定点摄影的方法在现场发现问题,对问题进行备案。改善完成后在同一地点进行摄影,用于跟进和解决问题。定点问题适用于比较突出典型的问题,不需经常使用。在日常清扫之外,还可安排定期清扫,使生产现场的清洁程度保持最佳。清扫频率可定为每月一次,在清扫中定期检查机器设备，以便及时发现问题并整修。

（4）运用可视化管理形象直观地组织现场生产活动，提高劳动生产率，如采用标识和看板。

（五）素养

素养是指人人按照规定操作、依规行事，养成良好习惯。素养的目的在于提升人的品质，培养对任何工作都讲究认真的人，并创造一个充满良好风气的工作场所。

在实施素养时，需首先严格要求自己，持久推进 4S，养成良好的习惯。制定服装、臂章、工作帽等识别标准。通过制订公司相关规则、规定，推动各种激励活动，确保员工遵守规章制度。对员工进行教育训练，并推动各种精神提升活动。服装仪容整洁，言行举止文明，形成良好的职业素养。

素养的实施步骤包括以下几方面：

（1）制订相关规定，如工作场所垃圾处理管理办法、物品柜管理规定、工作帽识别标准等。

（2）制订生产现场员工行为规范。

（3）规范晨会制。

（4）对员工进行教育训练。

（5）举行员工精神提升活动。

三、5S 管理的开展原则

5S 管理的推行服从以下几大原则：

（1）目的原则。推行生产现场的 5S 管理要以提升企业形象、提高工作效率、提高品质、降低成本、预防产品延迟、保障安全为目的。

（2）效能原则。各单位在推行现场 5S 管理时要减少浪费，降低成本，增加利润，维护现场整洁，提高工作人员士气，提升工作效率。

（3）实际原则。5S 管理的推行要从实际出发，管理办法具有可行性和有效性。

（4）坚持原则。5S 管理贵在坚持。要持续贯彻，连续保持，形成持续的现场管理改进机制。

（5）行动原则。5S 管理的重点是用行动去落实，包括：①"三清"即清理、清扫、清爽；②"三定"即定点、定容、定量；③"三扫"即扫漏、扫黑、扫怪；④"三守"即守时间、守标准、守规定。

（6）自我管理原则。现场人员需要自己动手创造整齐、清洁、方便、安全的工作环境，养成现代化大生产遵章守纪、严格要求的风气和习惯。

四、5S 管理的实施方法

5S 活动是一个现场管理的有序过程，通过对人（MAN）、机（MACHINE）、料（MATERIAL）、法（METHOD）、环（ENVIRONMENT）的有效控制实现产品质量稳定和服务质量保障的最佳状态。为了有效地推行 5S 管理，企业开展 5S 活动应通过以下方法来实现。

（1）导入期。在 5S 管理理念的导入阶段，对 5S 管理方法的必要性和需求情况进行分析、策划、宣传。有目的地委派专门人才，形成骨干队伍。同时，为了 5S 工作有效和持久地开展，需要通过教育帮助员工认识 5S 的重要性和执行的必要性，形成良好的素养习惯。企业高层需要身体力行，亲自动手，树立榜样。

（2）启动期。领导动员并亲自参与 5S 活动是推行 5S 管理的良好起点，也是 5S 工作取得成效的关键和保证。企业领导对 5S 工作的重视程度表现为一把手的以身作则和亲自参与。在启动时需成立由主要领导任负责人的 5S 推进委员会，明确职责和分工，正式拟定 5S 管理的方针和目标，按计划进度要求进行定期检查和考核。

（3）实施期。5S 活动是持久性的日常工作，需要有制度保证。在实施期开始时，需要进行"作业分解"和"最佳方法寻求"，对主要工作步骤和关键要点进行总结，对工作程度进行工艺验证和确认，并以此为依据制订文件化的作业指导书。在实施开始前召开专题会议进行技术交底和操作说明，并在必要时进行岗前培训。

从全企业的 3S（整理、整顿、清扫）运动做起，将物品和工作进行分类和整理，决定物品的放置场所和保管方法，确定管理基准，并以此对物品进行有效管理控制。对有关地面区域、通道进行布局和划线，明确各自的功能，并对分类的物品进行规范的标识。

（4）成熟发展期。5S 活动的成功在于自觉和正确地执行 5S 管理相关规定，养成良好的工作习惯。全体员工要求按高标准，严格维护现场的环境整洁和美观，熟悉掌握和合理应用标语、标识、图表、照片、录像、看板等工具，在 5S 活动中自觉、持续、有序地进行整理、整顿、清扫，以保证清洁和干净的状态。

（5）5S 的后续追求。素养（自律）既是 5S 的核心内容，也是 5S 后持续改进的起点。5S 活动的深入包括了一系列持续改进活动，如顾客满意、服务意识、保持微笑、培养悟性、力求简化、注意仪表、保障安全。

五、5S 管理的作用

（1）提升企业形象。整洁的工作环境和生产现场代表了企业先进有效的管理模式，在客户面前营造正面积极的企业形象，有利于建立良好的客户关系和社会形象。

（2）塑造员工的团队精神。5S 管理始于素养，终于素养。5S 活动不只是追求直观的效果，还致力于将管理规章转化为人的良好行为准则，使员工养成的良好习惯。5S管理目标的实现依赖于各部门的分工协作，易于培养员工的团队精神。5S管理的最终目的在于推行"素养第一"，强调对员工的道德行为规范、仪表仪容、工作态度、时间观念的培养。

（3）减少浪费、降低成本。开展5S管理的明显效果在于减少浪费，进而降低成本。减少浪费包括减少物资的浪费，即通过整理活动，区分工作场所有用和无用的物品，进而通过整齐摆放材料减少工作中的错料、混料，提高投料的一次合格率，降低物资损耗浪费。同时，通过合理安排设备和物品的摆放布局，提高场所的空间利用率，减少场所的浪费。对物品进行定置管理可以减少人们寻找物品或资料的时间；通过合理的空间布局减少人们的走动时间；良好的素养降低了出错的频率，从而减少了时间上的浪费。

（4）提高产品质量，生产优质产品。ISO9000质量体系的建立在于提高管理水平和管理质量，是一切管理体系导入的基础。清洁有序的生产现场和员工较高的素养是管理体系实施的前提，能使产品质量更加稳定可靠。经过5S管理的设备仪器故障少、精度好、使用寿命长，为生产高质量的产品提供物质保障。

（5）提高工作效率，保障安全生产。一个贯彻5S管理的企业通常具有良好的工作环境和工作气氛，有一群有素养的员工，从而在规定时间内能够完成更多的工作任务。企业在实行5S管理后，在各方面的工作井井有条，使安全生产得到了保障。

六、5S标准格式

5S标准格式参见表3-3至表3-24。

表3-3 红牌作战追踪记录表

部门：　　　　　责任人：　　　　　区域：

编号	存在问题描述	处理方案	红牌日期	承诺完成日期	实际完成日期

表3-4 人员去向显示板

姓名	去向	离开时间	联络电话	预定返回时间	备注

注：①离开岗位人员填写；②返回后擦掉。

表 3 - 5 物品清单

车间班组工具箱

责任人		确认时间			

箱内工具一览表					
序号	名称	规格型号	数量	状态	备注

注意事项：

表 3 - 6 外出必备物品查核表

序号	项目	确认	备注
1	公司简介		视客户规模准备 1～2 套
2	项目说明资料		视客户规模准备若干套
3	客户地址、电话等联系资料		
4	合同样本		
5	公司信封、信纸		
6	胶水、切纸刀		
7	样品		必要时
8	……		
			每确认一项，在此栏中打✓

表 3 - 7 清扫值日表

5S 区	责任人	值日检查内容
计算机区	×××	机器设备是否保持干净，无灰尘
检查区	×××	作业场所、作业台是否杂乱，垃圾桶是否清理
计测器区	×××	计测器摆放是否整齐，柜面是否保持干净，柜内有无杂物
休息区	×××	地面无杂物，休息凳摆放是否整齐
夹具区	×××	夹具摆放是否整齐，夹具是否保持干净
不良品区	×××	地面无杂物，除不良品外无其他零件和杂物存放
零件规格放置区	×××	按零件规格摆放整齐，标识明确

5S 区	责任人	值日检查内容
文件柜及其他	×××	文件柜内是否保持干净，柜内物品是否摆放整齐

备注：此表的 5S 区由担当者每天进行维护；

下班前 15 分钟开始；"其他"包括清洁器具放置、柜、门窗、玻璃。

表 3 - 8　5S 培训计划

序号	内容	项目	目标值	对象	4 月	5 月	6 月
1	5S 知识培训	1. 5S 的起源和适用范围 2. 5S 定义 3. 5S 的作用	考试合格 80％以上	全员	培训→	现场操作→	考核→
2	5S 活动步骤	1. 成立推进小组	100％理解并能实施	管理人员	→		
		2. 推进成员集中学习			→		
		3. 设定 5S 改进岗位			→		
		4. 推进成员进行现场诊断			→		
		5. 推进小组开展改进活动				→	
		6. 员工自身开展改进活动				→	
		7. 确认活动				→	→

表 3 - 9　5S 责任标签

5S 责任区			
编号	区域间	责任部门	责任人
C022	车间管理看板	生产组	×××

表 3-10　班组 5S 评比宣传栏样式

××××年　　　　　　月份××车间 5S 工作评比							
班级	1	2	3	……	30	31	备注
1 班	◎	○	◎		▲	◎	
2 班	▲	◎	○		○	◎	
3 班	※	○	○		○	◎	
4 班	○	▲	※		▲	▲	
5 班	◎	▲	○		○	◎	
说明	◎：代表良好（绿色）　　○：代表中等（蓝色）　　▲：代表及格（黄色） ※：代表较差（红色）						

表 3-11　各部门（班组）问题点改善表

	发动机厂	冲压	焊装	涂装	总装	底盘
上周问题点（个数）						
整改个数						
整改率（%）						
考核评分						
本周问题点（个数）						

表 3-12　心情管理板

姓名	☺	😐	☹	备注
×××				
×××				
×××				
×××				
×××				

注：心情可分为高兴（红色）、平常（蓝色）、不高兴（黄色）三种，用磁扣表示；必须在班会前做好。

表 3 - 13 库存物品揭示板

品名	
产地	
入库时间	
库存数量	
安全库存	
最大库存	

表 3 - 14 人员配置管理板

×月×日（周）×××组人员配置管理板				
设备名	人数	今日计划数	历史最高人均产量	备注
1♯机				
2♯机				

表 3 - 15 新员工介绍板

姓名	部门	照片	籍贯	毕业学校	专业	兴趣	人生格言	留言

表 3 - 16 刀具交换管理板

刀具交换管理板				
（线名_____ 设备名_____）				责任人：
工具名	规格	下次预定交换时间	前次交换时间	备注

表 3 -17　设备管理板

设备名称		规格		操作者	
购买日期		厂家		电话	
保全类型		保全周期		保管员	
最近故障时间及内容					
备注					

表 3 - 18　发货状态管理板

序号	日期	交货客户
		○A　　○B　　○C　　○D
		○　　○B
		○　　○　　○　　○　　○

注：①每周依据交货计划排入。

②将每个客户给予代号，制成牌子。

③已交货的将牌子翻转（正反面颜色不同），即可一目了然。

表 3 - 19　工序生产作业记录

工序名称＿＿＿＿＿＿＿　　　　　　　　　作业者姓名＿＿＿＿＿＿＿

时刻	8		9		10		11		12	
产量	计	实	计	实	计	实	计	实	计	实
时刻	1		2		3		4		4：30	
产量	计	实	计	实	计	实	计	实	计	实
时刻	8		9		10		11		12	
产量	计	实	计	实	计	实	计	实	计	实
时刻	1		2		3		4		4：30	

产量	计	实	计	实	计	实	计	实	计	实
备注					班长			日期		

表 3 - 20　机械加工生产管理板

生产管理板				机台号		日期
时刻	预定	实际	作业者	作业内容		主管确认

表 3 - 21　合理化建议书

提案人		部门		工号		编号	
建议类别	成本□	效率□	品质□	5S□	安全□	其他□	
改善建议内容	问题点及原因分析：			改善对策			
	问题点：			提出部门确认		实施部门确认	
	原因分析：						
	改善前			改善后			
	可借鉴水平展开处：						

评价		得分（分）											级别	评语	承认
		①	②	③	④	⑤	⑥	⑦	⑧	⑨	⑩				
	实施部门														
	改善推进														
	科长			部长			总经理								

表 3-22　5S 日常确认表

部门（车间）：_____　班组：_____　5S 区域 NO：_____

责任人：_____　责任者：_____　照片：

区域号：_____

区域	5S 现场清扫内容			现场 5S 实施确认							
	清扫部位	清扫周期	重点及目标	月 日 周一	周二	周三	周四	周五	周六	日	……
墙	表面玻璃	1 次/月	无油拓、无灰尘、无破损								
地面	表面台下	2 次/天	无油拓、无脏污、无物下落								
现场物品	摆放状态	1 次/天	整齐（水平、直角）干净								
看板	摆放状态	1 次/天	整齐（水平、直角）干净								
桌椅	摆放状态	1 次/天	整齐（水平、直角）干净								
……	……	……	……								

注：◎：代表良好（绿色）　○：代表中等（蓝色）　▲：代表及格（黄色）　※：代表较差（红色）

表 3 - 23　现场改善成果申报表

编号：FX05. 109/01-01

□处不用填写

				部门：
题目：			编号：	提案人：
				做成日：
改判类别：（请打"○"）	A 设备　C 材料　E 预防			
	B 人员　D 经费　F 其他			

改善前	问题点：[图示]	表现法（0～10 分）：[叙述]	独创性（0～20 分）：[数据] 来源
	要因分析：[图示]		[数据] 来源
		[要因叙述]	
改善后	[图示]　改善　着眼点		
	改善对策		
	对策来源：既有的规定要求	借鉴展开的方法　创新的方法	研讨的成果
	实施填写签名：	重点实施项目：①、②	
		改善期间：共　小时；参加人员：共　人	[叙述]

效果

有形效果：（含金额换算）　效果（0～60）

无形效果：安全卫生　品质客户　环境现场　士气强度

评价	评价项目	表现法	努力度	独创性	有形效果	无形效果	总得分	级别	评价级	时间
	初评得分									
	复评得分									
	公司领导									

表现法（0～10 分）

表 3 - 24　员工多技能素质表

部门		班组名称		班次		填表人		日期	
工位号 班组成员姓名									
		⊕	⊕	⊕	⊕	⊕	⊕	⊕	⊕ ⊕ ⊕
		⊕	⊕	⊕	⊕	⊕	⊕	⊕	⊕ ⊕ ⊕
		⊕	⊕	⊕	⊕	⊕	⊕	⊕	⊕ ⊕ ⊕
		⊕	⊕	⊕	⊕	⊕	⊕	⊕	⊕ ⊕ ⊕
		⊕	⊕	⊕	⊕	⊕	⊕	⊕	⊕ ⊕ ⊕
		⊕	⊕	⊕	⊕	⊕	⊕	⊕	⊕ ⊕ ⊕
更改日期									
多技能率									

◑处于学习阶段 ◑能保质保量完成工作 ◕能指导他人工作 ⊕能独立发现改进措施并加以实施

注：多技能率＝班组成员掌握（能保质、保量完成工作）的工位数之和/（员工数×工位数）

六、啤酒厂 5S 管理实例

（一）背景

食品问题一直是人们在生活中关注的重点，而啤酒作为人们日常饮品之一，当然也要保证其质量。现代化快速发展，啤酒工厂也要不断进行改革，通过 5S 管理方法，能有效提升管理水平，实用性较强。

以一个啤酒厂为例，具体研究 5S 管理推行的整个过程。

（二）5S 管理的推行步骤

（1）成立各层级的 5S 管理推行组，制订 5S 管理推行方案（图 3—3）。

（2）召开 5S 管理启动大会，对参会人员进行培训。利用各种宣传工具营造浓厚的 5S 管理推行氛围。

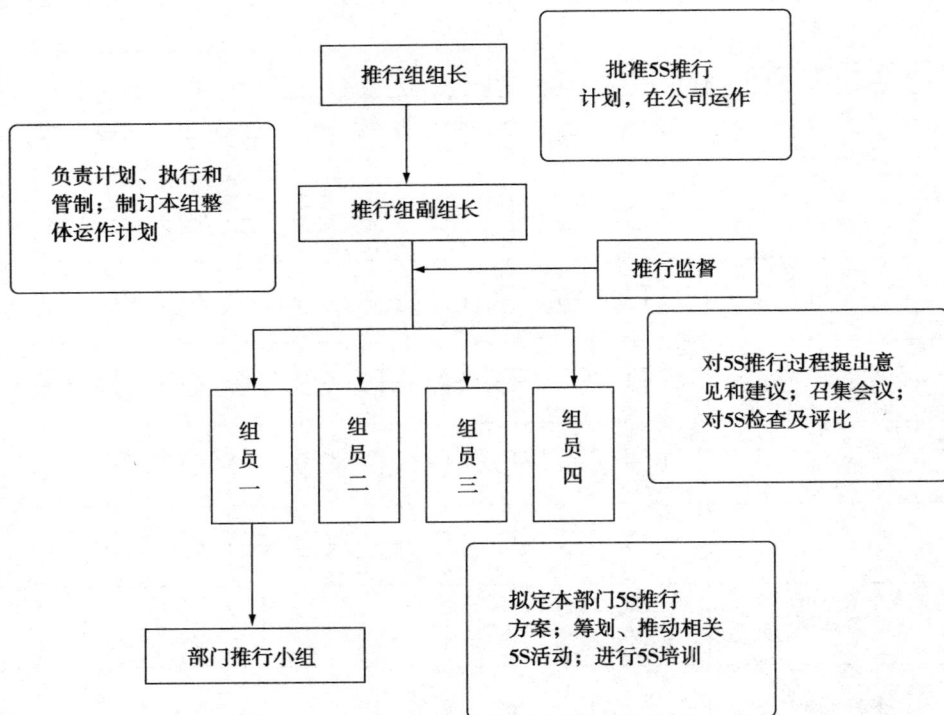

```
                              ┌──────────────┐      ┌──────────────┐
                              │  推行组组长   │      │ 批准5S推行    │
                              └──────┬───────┘      │ 计划，在公司运作│
                                     │              └──────────────┘
  ┌──────────────┐            ┌──────┴───────┐
  │ 负责计划、执行和│            │  推行组副组长 │
  │ 管制；制订本组整│◄───────────┤              │
  │ 体运作计划    │            └──────┬───────┘      ┌──────────────┐
  └──────────────┘                   │              │   推行监督     │
                                     │◄─────────────┤              │
                                     │              └──────────────┘
                                     │
          ┌──────────┬───────────┬───┴───────┐         ┌──────────────┐
          │          │           │           │         │ 对5S推行过程提出意│
       ┌──┴──┐   ┌──┴──┐    ┌──┴──┐    ┌──┴──┐      │ 见和建议；召集会议；│
       │ 组  │   │ 组  │    │ 组  │    │ 组  │      │ 对5S检查及评比   │
       │ 员  │   │ 员  │    │ 员  │    │ 员  │      └──────────────┘
       │ 一  │   │ 二  │    │ 三  │    │ 四  │
       └──┬──┘   └─────┘    └─────┘    └─────┘
          │
          │                         ┌──────────────┐
          │                         │ 拟定本部门5S推行│
     ┌────┴─────┐                   │ 方案；筹划、推动相关│
     │ 部门推行小组│                   │ 5S活动；进行5S培训│
     └──────────┘                   └──────────────┘
```

图 3 - 3　推行组织和职责示意图

（3）制订部门级 5S 管理推行计划、区域定置示意图、责任区标识、区域责任人标识牌及部门 5S 管理检查表，并设置路标，放置安全标志及警示牌，划分区域和通道线。

（4）依照 5S 指导书的步骤推行前 3S 的工作。第一步工作是整理，明确判断要与不要，将不要的物品清理出生产现场。第二步工作是整顿，将需要用的物品根据使用频率和用处实行定置管理，明确数量、区域，标识清楚。第三步工作是清扫，消除安全隐患，确保安全生产。

（5）定点摄影，发现问题点并进行跟踪。要求拍摄者在问题点整改前和整改后，定点、定向、同高度拍摄同一个场景，真实地反映问题点整改情况。

（6）每月对各部门 5S 管理推行情况进行评分公示（表 3 - 25）。使员工知道存在的不足之处，及时改进，不断提高各部门的现场管理水平。

表 3 - 25　5S 管理检查表

项目	具体地点	检查内容	检查标准		酿造	灌装	……
信息板（20 分）	信息展示板	关键绩效指标按更新频率及最近活动要求更新；有针对性的内容展示		部门各项得分			
环境（50 分）	办公室、控制室、生产现场、休息室、设备	物品分类摆放、空间物品、设备、工具、空间内务整洁程度					
素养（15 分）	行　为；认识；仪表	文明礼貌团队精神；对 5S 观念的认识和理解；按规定着装，仪容整洁，精神面貌好					
整改率（15 分）	问题点	定点问题及整改率					
				总分			

　　在啤酒工厂推行卓越现场管理，不仅能改善生产现场环境、提高工作效率，还可以保障生产安全，赋予企业制度化和标准化。在推行过程中要密切结合企业文化、员工素质，贴近企业实际，使推行过程不流于形式。只要员工接受并长期坚持，把简单的事情做好做精，就能确切感受到企业全新的变化。

第四节　可视化管理

一、可视化管理的定义

　　可视化管理是指利用信息技术系统，让管理者有效掌握企业信息的管理。可视化管理可以渗透到企业人力资源、供应链、客户管理等各个环节，让企业的流程更加直观，使企业内部的信息实现可视化，并能得到更有效的传达，从而实现管理的透明化。

　　可视化管理通常采用符号的方式一目了然地体现管理信息，如国家安全标志、行业安全标志，以及用于警示、禁止、指令、安全提示、引导等的醒目的文字和图形符号。可视化标准就是将可视化对象的符号或图形的设计输出用规格、材质、色彩、字体、图例、实例等方式具体表述，以实现可视化管理的标准化。

二、可视化管理的作用

可视化管理通过可视化的生产流程提高生产效率。可视化管理认为，凡是可视的东西皆易于察觉和记忆。可视化管理可以迅速快捷地传递信号，使管理的内容一目了然。可视的内容易于员工分辨正常与否，并且形象直观地将潜在的问题和浪费显现出来。可视化的标识客观、公正、透明化，有助于统一认识。例如，明确标识的工具板使员工一目了然地知道加工某部件需要的工具。

可视化管理能够简化企业的管理流程，使对问题和异常的发现更加简单。当问题和异常被普遍发现时，有利于及时纠正和改进。

三、可视化管理的原则

可视化管理的原则包括视觉化、透明化、界限化。

（1）视觉化。通过彻底标示和标识，进行色彩管理。例如，红色表示警报，绿色表示安全正常，黄色表示提示。

（2）透明化。将需要看到的地方展示在醒目的地方，易于察觉。例如，将指示牌放置在车间入口等多数人经过的地方。

（3）界限化。界限化即标示管理界限，表明正常与异常的定量界限，使信号一目了然。可视化管理中标识应通俗易懂，任何人都能判断正常状态和异常状态。好的标识要方便任何人使用，在庞大的加工车间，可视化标识要确保车间各角落的员工都能轻易看到。标识中的标志需便于任何人遵守，并且使员工在出错时易于及时纠正。

四、可视化管理的做法

可视化管理的第一步是发现问题。如果冲床上的模具坏，生产出不合格品又无人知道，那么不久就会生产出堆积如山的不合格品。可视化装置便于生产管理者发现问题。在附有可视化装置的机器上，一有不合格品产生即自动停止生产。当机器自动停止时，通过可视化信号显示出现的问题。大部分从现场产生的信息，经过许多管理阶层的传达，最终送到最高管理人员手中。信息在往上级呈报途中会越来越抽象，从而远离了事实。因此，在实施可视化管理中，管理人员需要在现场及时看出问题的所在，从而随时下达指示。

在发现问题后需要管理者查明事实，对事实进行及时准确了解。通过设定可视化装置，生产人员需判定每个生产事件是否在控制状态之下，以及异常发生的时刻，及时发送警告。制造业的现场需要做到：一旦检测到异常之处，生产线即能停止生产。生产线一旦停止，每一个人都能认识到发生了问题，员工会积极采取措施，确保此生产线不会以相同的原因再次停止。

从操作人员方面来说，实现可视化管理，即将衡量员工表现的指标进行可视化，如产品合格率、提案建议数、缺勤次数等。在现场的公布栏中，可以显示员工的现有技能和尚需培训的技能。此外，作业操作人员的作业要领书和作业标准书也需要以可视化的方式展示出来。

可视化标识可运用在机器设备上，用来显示运转中的错误，使管理员能够看到问题后及时停机。分类的可视化标识能够显示机器是按照计划停机，或是因换模设置停机、因质量问题停机、因机器故障停机。机器的润滑油的液位、更换的频率和润滑油的类别必须明显标示。此外，金属外盖应改为透明式外盖，这样机器发生故障时作业员能够及时发现。

可视化管理还可用于公布作业标准。将作业标准张贴在工作站的正前方，不仅用来提醒作业员工作的正确做法，同时用来使管理人员得以判定工作是否在依据标准进行。挂在工作站正前方的标准作业表能够明确规定在工作时间内作业员的工作地点。当作业员无法在周期时间内完成工作时，该状态能够清晰地反映在标准作业表上。每日的生产目标也可以可视化。每小时及每天的目标，可以陈列在公告栏上，其旁边记录实际产量。此项信息能给督导人员预警，以采取必要的对策达成目标，如调动人员支援进度落后的生产线。

可视化管理还能使改善的目标清晰化。假如一家工厂受到外界的影响必须在6个月内降低某一特定冲床的换模时间，管理者便在机器旁边设立一个布告栏。首先，将现在的换模时间（假设为6小时）画在图上。其次，再画上目标值（设为1.5小时）。最后在两点之间连接成一条直线，表示出每个月所需达成的目标值。每一次换模时测定时间，并标示在图上。

最高管理部门的职责之一，就是设定公司的长期和中期方针，以及年度方针，并且以可视化的方式告知员工。这些方针通常陈列在工厂的大门口处、餐厅以及现场。当这些方针逐层往下一个管理阶层展开时，会最终展开至现场，使每一个人知道要从事改善的活动。

五、烟草企业可视化管理实例

（一）背景

随着社会的发展，可视化管理越来越重要，物流作为日常生活中重要的一部分，进行物流的可视化管理也是现代物流发展的一个重要方向。物流可视化管理是以物流信息化为基础，以现代可视化技术为支撑，以为物流企业管理决策、生产调度指挥、作业过程监控、在途跟踪管理等提供现代化工具为目的的管理模式。可视化管理使物流管理者能方便、简捷地掌握物流的实际业务情况并实时监控和调整物流业务。

烟草行业信息化建设在"以信息化带动工业化、以工业化促进信息化，走新型工业化道路"的战略指引下，按照"统一标准，统一平台，统一数据，统一网络"和逐步实现系统集成、资源整合、信息共享的总体要求，全面启动了数字烟草建设，正朝着"用信息化带动烟草行业现代化建设"的目标迈进。经过十几年的发展，烟草行业的信息化建设已经得到了很大的提升。

目前，烟草公司的物流信息化建设还存在系统集成度不高、信息不能共享的不足，尤其是信息可视化还远达不到现代物流管理的需求，难以适应精益物流建设目标和国家烟草专卖局对现代物流建设的要求。烟草公司可视化管理的分析非常必要。

（二）可视化管理平台的功能结构

在该公司的可视化管理中，主要通过仓储分拣管理模块、车辆在途管理模块、综合信息管理模块、设备监控管理模块这四个部分进行。可视化管理平台的功能结构如图 3-4 所示。

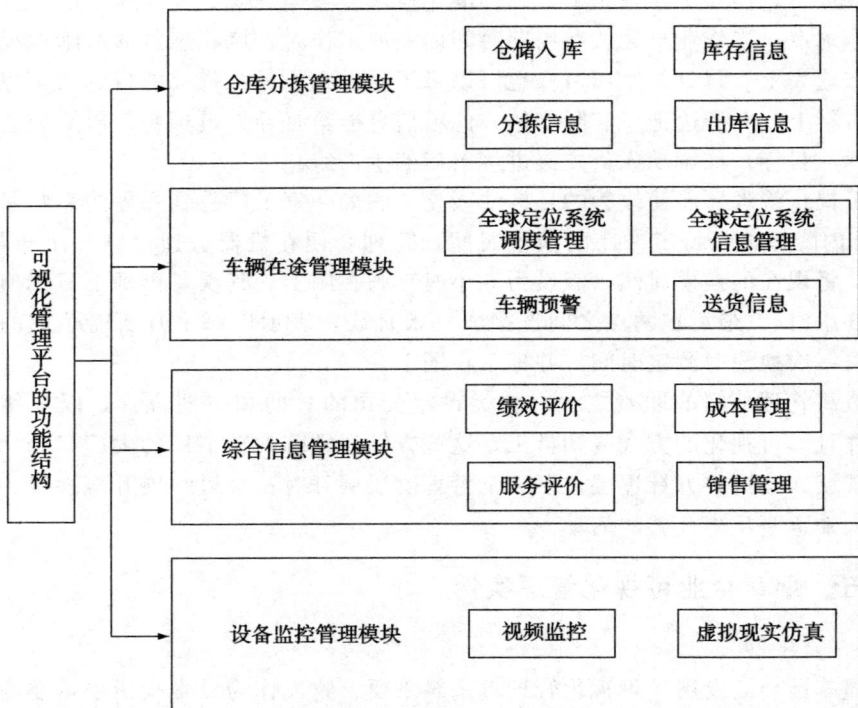

图 3-4   可视化管理平台功能结构图

（三）可视化信息分类

1. 仓储分拣管理模块

（1）仓储入库信息。包括产品扫码或入库信息、仓储入库汇总、入库单明细等。可按省、烟厂、品牌、规格及日期统计到货入库、预计到货入库等进行信息展示，利用信息展示工具进行图表式展示。

（2）库存信息。可从单位、仓库、卷烟类型（多种类）、产地（省市）、厂家、品牌及卷烟等维度进行库存数量的统计分析，设置库存预警线，分析各种卷烟的库存情况。利用信息展示工具进行图表式展示，也可以用虚拟现实（Virtual Reality，VR）技术进行虚拟库区信息展示。实现实时从库存总量、品牌、工业集团、库区、货位、时间等维度进行库存信息展示。

（3）存销比信息。按时间、库存卷烟进行存销比分析。利用信息展示工具进行图表式展示，也可以利用虚拟现实技术将存销比结果（如排名前十、后十）进行立体化展示。

（4）库存使用率（占有率）信息。对物流各库区按时间进行使用率信息展示，利用信息展示工具进行图表式展示。

（5）库存预警（缺货及滞销）信息。可实时将库存中处于缺货及滞销的信息进行统计，利用信息展示工具进行图表式展示。库存预警将按级别显示。

（6）出库信息。按时间段统计卷烟出库信息。包括总量、品牌、型号及烟厂排名。利用信息展示工具进行图表式展示，也可以利用虚拟现实技术将统计结果（如排名前十、后十）进行立体化展示。

（7）分拣信息。展示分拣线的实时分拣效率，同时分析订单的结构组成对分拣效率的影响。各分拣线的分拣总量、客户数、订单数、品种数、已分时间、分拣量及预计分拣完成时间等。

（8）分拣效率对比。按时间段对历史分拣数据进行统计分析，展示一段时间的分拣效率高低对比图。

2. 车辆在途管理模块

（1）送货在途监控信息。送货在途监控包括两个方面：一是工业集团给物流配送中心的送货，二是物流配送中心为各零售户的送货。①工业集团给物流中心送货信息。物流中心通过与国家局"在途管理信息系统"集成，实时将各工业集团给物流中心的送货信息抽取到"物流现场管理"中，实现在物流现场管理中展示各工业公司送货车辆的实时信息。它包括各送货车辆的位置、出发时间、预计到货时间、累计行驶里程、车辆号码、准运证号、合同单号、卷烟品种、数量、车辆型号、容积、驾驶员姓名（送货员）和电话等信息。用于显示的地图精度可以只到省级和地区。②物流中心送货在途监控信息。中心可实时监控所有送货车辆的在途信息，包括位置、车速、停留时间、应送客户数、已送客户数、线路偏离、报警信息等。如果送货车辆上安装了视频设备，那么指挥中心还可以实时了解每辆车前方的道路情况、后车门开启情况、货物情况等视频信息。

（2）送货信息。对送货效率、装箱率等信息进行展示。分析送货车辆的满载情况，为业绩及线路考核提供依据。设置车辆的装箱容量，分析线路优化后的装箱率、物流中心送货量及中转站送货量。利用信息展示工具进行图表式展示。

（3）客户送货分布情况。按时间段对各区县的进货客户的进货量的分布情况进行统计分析。按时间段对各区县的进货客户的户数进行统计分析。

（4）车辆报警信息。在以下几种情况下，系统会发出报警信息，并以光、声的形式或手机短信发出。①疲劳驾驶报警：系统预先设定一个时间，当驾驶员连续驾驶时间超过该设定的时间时，系统发出疲劳驾驶报警信息。②超时停车报警：系统预先设定一个时间，当车辆停车时间超过该设定的时间时，系统发出超时停车报警信息。③车载终端故障报警：当车载终端主机或天线出现故障时，系统会及时发出车载终端故障报警信息。

3. 综合信息管理模块

（1）绩效评价。将绩效考核的指标体系以及员工的绩效考核结果，制作成简单易懂、美观整洁的图形报表，为领导决策提供信息辅助。

（2）成本管理。物流成本管理是对物流的仓储分拣费用、配送费用、管理费用等进行数据的采集、统计、分析，以便于了解仓储成本、分拣成本、配送成本、管理成本等。系统将通过对成本的各个组成项的记录和分析，为最终的成本分析决策提供依据。物流成本管理将成本组成项分成直接成本（油耗等）、分摊成本（水电等）、人力成本（工资等）、长期固定递延成本（场地等）、短期固定递延成本（系统等）、可交设备成本（汽车等）、管理成本（办公等）和其他成本等多类，分别从各相关系统中采集数据并统一计算，最终得到科学合理的物流整体成本，为决策提供依据。

（3）销售主题。销售（送货量）统计分析包括销售（送货量）统计、销售（送货量）分区县统计、本月计划销售（送货量）统计、营销中心销售（送货量）走势分析等。统计某日全市各区县的总体销量情况，并进行文字和图表的综合展示。

（4）月（季）度销售（分拣送货）趋势分析。按时间段统计全市的销量（送货量）的走势情况，并进行文字和图表的综合展示。

（5）客户主题。按照零售户的属性特征进行整个烟草公司的零售户的分布销量等情况的分析，主要包括：烟草零售客户分布（地区、客户等级、经营业态等）、零售户动态信息查询、卷烟进货户数月走势、按烟草零售客户分布（地区、客户等级、经营业态等）情况进行各项分析。客户主题可结合地理信息系统进行信息展示。

4. 设备监控管理模块

（1）立体仓库三维可视化展示。通过对立体仓库的三维模拟仿真，展示货物入库、出库的过程及立体仓库的工作状况。

（2）分拣线设备三维可视化展示。通过对分拣线的三维模拟仿真，展示出分拣线设备的运行状态。

（3）视频监控信息：在分拣、仓储等主要的设备区域安置摄像头，把监控摄像头的视频信息在展示平台中播放，允许操作人员自行切换虚拟场景视角和真实场景视角。

5. 可视化管理平台设计原则

（1）整体性。卷烟物流信息系统本身必须是一个完整集成的整体，其内部各子系统、各功能模块之间既要符合软件功能划分高内聚、松耦合的设计思想，又要实现相互之间流畅的消息传递和功能协作，所以可视化管理平台整体必须具有较好的集成架构。

（2）安全性。可视化管理平台的运行需要获取企业大部分核心业务资料，因此，系统的安全性十分重要。根据集中式管理、分布式控制的要求，在设计软、硬件方案时，要充分考虑系统运行时可能发生的情况，采用成熟、安全、可靠的产品和技术，提高系统整体的安全能力、应变能力和容错能力。同时应充分考虑核心业务系统的安全需要，从整体上构建安全体系。

（3）实用性。可视化管理平台的方案设计应追求实用性，切合各地市烟草公司网建和卷烟物流配送中心建设的实际，切合有限投资的实际。应以降低总体费用、提高整体效益为目的，进行整体设计。一方面，进行系统设计时应当同时考虑相关硬件、网络、软件平台等的相互关联，力求做到易于使用、便于维护。另一方面，在保证系统安全、可靠运行的前提下，要充分考虑与现有软硬件系统的兼容性，尽可能利用原有设备和已有系统，保护计算机设备及软件的原有投资，最大限度地降低建设费用。

（4）先进性。可视化管理平台的规划设计要充分考虑到商业企业未来发展的需要，使系统在业务扩张、业务改革的过程中不需要重新进行规划设计，并能够顺利、平稳地向更新的技术过渡。因此，在保证系统运行的安全性、可靠性和稳定性的前提下，要适度追求信息技术与设备选型的先进性，采用符合国际标准的技术和产品，确保卷烟物流配送中心各业务系统的稳定高效运行。

第五节　精益六西格玛

一、精益六西格玛定义

精益六西格玛是精益生产与六西格玛管理的结合，其本质是消除浪费。精益六西格玛管理的目的是通过整合精益生产与六西格玛管理，吸收两种生产模式的优点，弥补单个生产模式的不足，达到最佳的管理效果。精益六西格玛不是精益生产和六西格玛的简单相加，而是两者的互相补充、有机结合。

精益六西格玛旨在通过识别和剔除造成缺陷的原因，提高流程产出的质量。通过运用一些质量管理工具，包括经验性方法和统计模型，借助组织内熟悉这些工具的专家，实现精益六西格玛的管理。一个精益六西格玛管理方案通常具有特定的价值目标，如减少流程耗时、增加顾客满意度、提高效益等。

传统六西格玛项目主要解决与变异有关的复杂问题。例如，控制一个过程的产品一次通过率。而精益六西格玛项目解决的问题不仅包括传统六西格玛所要解决的问题。而且要解决那些与变异、效率等都有关的综合性复杂问题，例如，不但要控制一个过程的产品一次通过率，还要优化整个生产流程，简化某些动作，缩短生产提前期，从而控制过程的变异。

二、精益与六西格玛的关系

在精益生产与六西格玛管理进行集成时需要明确两者之间的关系。

（1）两者都是持续改进、追求完美理念的典范。这是两者精髓上的同质性，正因为如此，两者才能有结合的可能性。

（2）精益生产和六西格玛管理都与质量管理方法有密切的联系，它们的实施都与 PDCA 循环的模式大同小异，都是基于流程的管理，都以顾客价值为基本出发点，这为两种生产模式的整合提供了基础。

（3）精益的本质是消除浪费，六西格玛的本质是控制变异，而变异是引起浪费的一种原因，所以两种模式关注的对象不是对立的，而是具有互补性的。

三、精益六西格玛管理的必要性

六西格玛优化的对象经常是局部的，缺乏系统整体性，因此需要精益思想将优化目标系统整合，建立优化流程。而精益生产理论的优点之一就是对系统流程的管理，它可以为六西格玛的项目管理提供框架。系统中经常存在不能提高价值的过程或活动，可以通过重新设计流程尽量消除此类活动或过程。

精益生产依靠专家人才的特有知识，采用直接解决问题的方法，因此对于简单问题，其解决问题的速度更快，但它缺乏知识的规范性；对于复杂的问题，它缺乏效率，无法保证其处于统计受控状态。六西格玛管理更好地集成了各种工具，采用定量的方法分析解决问题，为复杂问题提供了操作性很强的解决方法和工具。

因此，精益生产告诉六西格玛管理做什么，六西格玛管理决定怎样做，以保证过程处于受控状态。对于复杂程度不同的问题，需要两者结合进行解决。

四、精益六西格玛管理理论工具

在利用精益六西格玛方法对系统进行分析时，可运用精益生产或者六西格玛的常规方法工具，也可能需要把两个管理模式中的方法和工具结合起来使用。例如，对于简单问题，应该用改善（Kaizen）的策略，用精益生产的方法和工具直接解决；对于复杂的问题，需要运用六西格玛的方法和工具；一些复杂问题需要同时利用精益生产和六西格玛的方法与工具来解决，才能达到目的。因此，精益六西格玛管理要实现精益生产速度和六西格玛的过程稳健性，就必须确定问题的种类，针对具体问题选用恰当的处理方法和工具。

DMAIC 是六西格玛的一种分析工具，以其实施的步骤的首字母命名。该工具的主要步骤有：①定义（Define，D）系统，包括定义顾客的需求、要求、项目的目标等；②测量（Measure，M）现有流程的关键因素，搜集关键信息；③分析（Analyze，A）数据，研究因素间的因果关系；④通过分析数据和结论，改进（Improve，I）现有流程；⑤控制（Control，C）流程的未来状态，保证生产过程中任何变异都能得到及时的发现和纠正，不会给生产带来损失。

在精益六西格玛实施过程中，Minitab 公司提供了一系列的工具解决方案。其数据分析工具具有假设检验、能力分析、回归分析、时间序列分析、可靠性分析等功能。在精益项目实施中，价值流程图、Fishbone、C&E、Process Map、5S 等表单必不可少。这些模板内置于 Minitab 公司旗下的 Quality Companion 软件中，为企业实施精益项目提供理论支持。

五、精益六西格玛实施因素

成功实施精益六西格玛的关键因素包括以下几点：

（一）关注系统

精益六西格玛的力量在于整个系统，精益六西格玛不是精益和六西格玛简单相加，而是把精益和六西格玛有机结合起来，处理整个系统的问题，对于系统中不同过程或同一过程的不同阶段的问题，精益和六西格玛相互补充，才能达到 1+1＞2 的效果，如当过程处于起始状态，问题较为简单，可以直接用精益生产的方法和工具解决，但随着过程的发展，当问题处于复杂状态时，就要用六西格玛的方法解决。

所以在实施中要关注整个系统，用系统的思维方式，综合考虑、恰当选用精益六西格玛的方法或工具。现实一些企业实施精益六西格玛时之所以没有达到预期效果，就是因为它们虽然同时选用了精益和六西格玛，但是没有把二者结合在一起，而是不同的部门分别使用不同的模式。

（二）重视文化建设

不论是精益生产还是六西格玛管理，文化对其成功都起到了重要的作用。同样，实施精益六西格玛也离不开文化建设。通过文化建设，可以使公司每一个员工形成一种做事的习惯，自觉地按精益六西格玛的方式去做事情。

精益六西格玛的文化是持续改进、追求完美、全员参与的文化。只有追求完美，持续地对过程进行改进，才能不断超越现状，取得更大的绩效；而现代的组织管理是一个非常复杂的系统，个人或一部分人的力量是有限的，只有靠全员参与，才能最大地发挥出集体的能力。

（三）以流程管理为中心

精益生产和六西格玛管理都是以流程为中心的管理方式，因此精益六西格玛管理也必须以流程为中心，摆脱以组织功能为出发点的思考方式。只有以流程为中心才能真正发现在整个价值流中哪些是产生价值的，哪些是浪费的，才能进行高效的管理。

（四）领导的支持

精益六西格玛需要处理整个系统的问题，同时要分析和解决的问题也更复杂，需要与不同的部门进行沟通，需要得到更多资源的支持，所以没有领导的支持是不可能成功的。领导的支持应该是实实在在的支持，而不是仅仅有口头上的承诺，所以这就要求领导也要参与到精益六西格玛管理变革中去，只有参与其中，才能发现问题，有力地推动精益六西格玛。

（五）正确使用方法和工具

在利用精益六西格玛方法对系统进行分析之后，针对具体某一点的问题，可能仅仅用到的精益生产或者六西格玛的方法或工具，也可能需要把两个管理模式中的方法和工具结合起来使用。例如，对于简单问题，就应该用 Kaizen 的策略，用精益生产的方法和工具直接解决，如果还用六西格玛的方法和工具，必然降低过程的速度；而对于复杂的问题，如果不用六西格玛的方法和工具，就不能发现真正的原因，不能有效解决问题；还有一些复杂问题需要同时利用精益和六西格玛的方法和工具来解决，才能达到目的。因此，精益六西格玛管理要实现精益生产速度和六西格玛的过程稳健性，必须确定问题的种类，针对具体问题选用恰当的处理方法和工具。

六、精益六西格玛必要性分析

（1）六西格玛优化的对象经常是局部的，缺乏系统整体的优化能力，所以它需要将自身需要解决的问题与整个系统联系起来，然后优化流程。而精益生产理论的优点之一就是对系统流程的管理，它可以为六西格玛的项目管理提供框架。系统中经常存在不能提高价值的过程或活动，无论员工如何努力，他们都无法超越系统流程的设计能力范围之外，流程重新设计的目标就是尽量消除此类活动或过程，精益生产对此有一套完整有效的方法和工具。

（2）精益生产依靠专家人才的特有知识，采用直接解决问题的方法，因此对于简单问题，其解决问题的速度更快，但它缺乏知识的规范性，对于复杂的问题，它缺乏效率，无法保证其处于统计受控状态。而六西格玛管理更好地集成了各种工具，采用定量的方法分析、解决问题，解决问题有规范的 DMAIC 流程，为复杂问题提供了操作性很强的解决方法和工具。

总之，精益生产告诉六西格玛做什么，六西格玛管理告诉我们怎样做，以保证过程处于受控状态，对于复杂程度不同的问题，需要采用不同的方法去解决，因此二者结合是必要的。

七、精益六西格玛管理操作步骤

精益六西格玛活动可以分为精益改善活动和精益六西格玛项目活动。精益改善活动主要针对简单问题，这类问题可以直接用精益的方法和工具解决。精益六西格玛项目把精益生产的方法和工具与六西格玛的方法和工具结合起来，在DMAIC 的实施中加入了精益的哲理、方法和工具，形成新的方法，称为DMAIC II。

在实施 DMAIC II 的过程中，先利用精益思想定义价值，提出流程框架，在此框架下，结合六西格玛工具，定义改进项目。在测量阶段，把精益生产时间分析技术与六西格玛管理工具结合，测量流程管理现状。在分析阶段，将六西格玛技术与精益流动原则结合，分析变异和浪费。在改进阶段，以流动和拉动为原则，运用两种模式中的所有可以利用的工具对流程进行增加、重排、删除、简化、合并，同时对具体流程的稳健性和过程能力进行改进。在控制阶段，除了完成六西格玛管理控制内容，还要对实施中产生的新问题进行总结，以便在下一个循环对系统进行进一步完善。

具体的实施步骤如下：

（1）定义阶段：定义顾客需求，分析系统，寻找浪费或变异，确定改进机会；分析组织战略和组织的资源；确定项目，包括项目的关键输出、所用资源、项目范围。

（2）测量阶段：测量流程现状，包括各流程或动作需要的时间；对测量系统进行分析，并做出有效性评价。

（3）分析阶段：分析流程，查找浪费根源或变异源；确定流程及关键输入因素。

（4）改进阶段：确定输入输出变量之间的关系，提出优化方案，并制订改进计划。

（5）控制阶段：建立运作规范，实施流程控制；验证测量系统的过程及其能力；对实施结果进行总结，规范成功经验，提出新问题。

■ 第四章

信息化视阈下的精益生产工具

精益生产方式是对生产活动的科学管理，它对生产系统各环节及时、准确的信息具有极强的依赖性。近年来，信息化技术作为管理的有效工具正在企业管理中发挥着越来越重要的作用，生产数据分析及处理、生产系统的监控等已经成为企业管理信息系统必不可少的功能。对于实施精益管理的企业来说，建立基于信息化的精益生产管理体系，将精益思想与企业的信息化建设进行有机融合是必然的发展趋势。

第一节　看板管理信息化

一、手工看板的局限性

在精益生产中，一个重要应用是看板管理，即通过看板在生产过程中各工序之间的周转，将与取料和生产的时间、数量、品种等有关的信息从生产过程的下游传递到上游，并将相对独立的工序个体联结为一个有机的整体。然而，传统的手工看板在使用中面临着诸多问题：

（一）手工看板适应变化的能力较弱

看板的有效执行基于标准化、稳定的生产节拍，而随着市场竞争的加剧，企业生产需要经常做出调整，当物料预测变化、BOM变化、物料移动路径变化、包装数变化等情况发生时，看板就需要随之调整，但是手工看板很难快速做出反应。

（二）手工看板工作量较大

无论是采用单卡还是双卡系统，都需要人工收集，尤其是双卡系统，还需要用取货卡交换生产卡，通过物流工来协调，提高了现场管理的复杂性。

（三）手工看板无法与其他信息系统数据集成

因为每个单元的料、工、费等成本信息需要在信息系统中进行成本核算，生产人员下班之前，需要把收集到的取货看板信息手工录入信息系统；同时，因为手工看板是循环使用的，所以无法记录序列号和质量追踪数据。

（四）看板卡容易磨损、丢失、损坏

在实践中，经常会看到看板卡磨损，已经看不清楚了，这会造成信息传递的失真。看板卡的尺寸设计也应避免丢失和防止被放进口袋或被掩藏。

（五）看板信息不透明，与供应商沟通困难

车间的内部看板流转时，看板容易丢失，难以实现执行层的透明化管理；与供应商采购沟通困难，无法有效地进行供应商绩效评估。

（六）手工看板会产生较多的浪费

手工看板在减少浪费方面也存在局限性。例如，内、外部沟通成本高，供应商考核不及时、不真实；由于手工看板缺乏灵活性，库存浪费不能保持在最低水平；看板本身的定义、投放、管理和维护也存在浪费。

（七）手工看板难以适应多品种生产环境

应用看板的条件是产品或零件必须可以重复使用。所以，看板难以适应多品种生产环境，如多品种、小批量，按单设计、项目制造等模式。

图 4-1 所示为多种传统的手工看板。

前工序 绑扎承台钢筋	看板编号：基础工程 8#13 张	施工工序浇筑承 台混凝土
结束位置 （No. 8~10）		起始位置 （No. 9~1）

（a）

（零部件示意图）	工序	前工序—本工序		
		热处理	机加 1#	
	名称	A233-3670B（连接机芯辅助芯）		
管理号	M—3	箱内数	20	发行张数	2/5

（b）

图 4-1 手工看板

看板只是精益生产的一个工具，随着信息技术的快速发展，传统的手工看板逐渐被计算机时代的电子看板取代，用动态的电子看板来应对变化。信息技术可以使精益生产更加柔性，精益生产信息化则将看板融入其中，形成电子看板系统。此系统在企业中发挥的作用可以突破传统生产看板和传送看板的局限，在避免手工看板容易产生错误的同时，也使得信息流动更加准确、畅通。

二、电子看板的优势

信息化能有效利用图形技术改善看板流程，可以支持包括各种电子看板和动态看板（自动优化看板数量）在内的一系列看板形式，提供自动、可视和人工图形交互等物料补充触发手段，以此改善传统的拉动式制造环境；在进一步降低库存量的同时，尽可能缓解需求波动的影响。信息化可以消除人工看板卡的数量调整、现有库存优化及物料短缺补救等非增值活动。

信息化平台能够保证所有数据实时上线，生产管理人员可以直接通过系统进行查询与沟通，生产进度和生产过程一目了然，解决了生产过程和生产动态掌握滞后、决策缓慢、沟通不畅、沟通成本高等一系列问题，满足了拉动式生产的要求，使精益生产成为可能。信息化通过技术的有效利用，保证了流水线、工作单元、供应商和其他工厂及整条供应链的连续通信，从而提高了整个企业的透明度。图4-2所示为实用的电子看板。

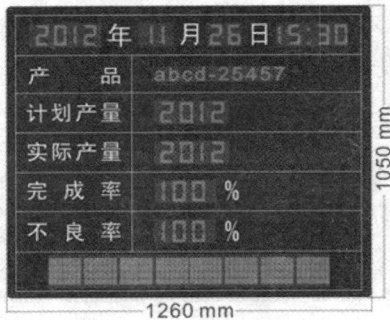

（a）

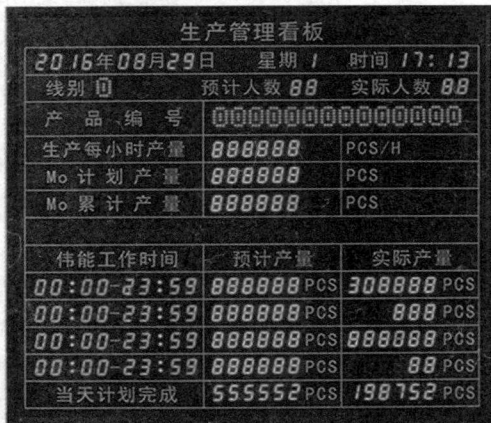

（b）

图4-2　电子看板

第二节　现场管理信息化

现场管理是指用科学的标准和方法对生产现场的各生产要素，包括人（作业人员和管理人员）、机（设备、工具、工位器具）、料（原材料）、法（加工、检测方法）、环（环境）、信（信息）等，进行合理、有效的计划、组织、协调、控制和检测，使其处于良好的工作状态，达到优质、高效、低耗、均衡、安全、文明生产的目的。现场管理是生产第一线的综合管理，是生产管理的重要内容，也是生产系统合理布置的补充和深入。

一、以往现场管理方式中存在的问题

以往的现场管理效率不高，存在着诸多不足之处：

（1）每台设备都是独立的个体，没有进行综合的、系统的、统一的管理；数据资料收集统计困难，管理人员难以及时得到完整的信息，如每台机器的开动率、排单情况、机台状态、现场实际操作情况等。

（2）车间现场生产与客户需求脱节，营销部门的销售计划不能得到车间的有效响应。车间往往按照自己的便利和绩效的有利程度安排生产，造成市场和客户所需要的产品不能及时供应，但是仓库却积压了大量的市场不需要的产品。

（3）管理人员无法实时得到每个订单的实际进度信息，无法对车间的生产进度进行有效监控，超出原计划数量生产和现场材料挪用的情况严重。

（4）车间无法记录和得知废品信息，而废品的产生使合格品数量少于市场需求的数量，需要进行小批量补充生产，降低了效率。

（5）采用手工工艺卡管理方法，在生产过程中，由人工按工艺卡调整工艺，因而存在工艺随意调整的情况。一旦出现机器实际作业参数同标准工艺存在严重偏差的情况，无法及时发现，产品品质无法保证。

（6）车间统计资料靠人工收集，往往是事后的统计，同时有发生错误和被人为删改的可能，降低了信息反馈速度和可靠性。

（7）由于所有资料都依靠人工统计，各机台又没有联网，没有统一的信息平台，因而信息不能共享，没有足够的生产数据供管理人员分析。

（8）通过手工方式管理，企业生产现场的信息，如生产状态、质量状况、设备状况等无法及时传递。往往只有在出报表的特定时间点才能查询到最新的生产信息，信息的滞后使管理层无法实时了解生产车间的状况并及时做出管理决策。

通过上述分析可以看出，由于没有建立统一的、系统的控制平台，没有建立统一的、实时的信息平台，才造成上述现场管理上的问题。要解决这个问题，就必须建立一个高效、统一的信息管理平台。通过这个平台，对现场数据进行实时、准确的处理和分析，实时查看、跟踪和监控整个生产现场的机器运行状况、工夹具状态、工艺参数、订单生产进度等信息，从而实现对生产车间现场的透明化管理。

二、现场管理信息化的优势

现场管理信息化就是通过信息化技术和手段实现对生产车间现场的数字化全程监控与管理，这是实现信息化管理系统建设的重要步骤。通过应用现场管理系统，可以对生产状况、产品质量、车间现场进行实时监控，最终达到提高车间现场管理水平、提高车间生产效率和产品质量、降低车间生产与管理成本的目的。

现场管理信息化能够完成对整个车间现场的各个要素、环节的数据采集，如车间生产流程、设备、产品质量、人员、安全等信息，从而及时调整车间现场生产状况，解决车间现场隐患；能够对采集的数据进行统计分析，形成各种报告表单，对车间生产总体及各部分的状况进行评估与核算，让管理者实时了解车间生产的完成情况，并及时调整工作计划；通过显示屏为车间现场管理人员提供整个车间现场的信息统计分析结果，为生产现场工作人员提供现场的信息，让生产管理人员和企业管理者真正实现对生产车间现场的可视化、智能化管理。

生产现场管理信息化的核心特点是可视化、实时化、智能化，是生产管理系统与车间管理系统进一步深化精益生产的必然结果。

生产过程中存在着现场设备监测系统反馈的大量信息，对这些信息的及时分析和处理是生产的保证。信息系统可以对现场管理的监测系统进行有效整合，通过建立设备监测集成信息平台、物料监测集成信息平台，在各个工序设立监测点，可以精确监控生产现场。

例如，按灯报警功能电子化，能够实现现场异常问题及时报告，及时处理；对生产节拍实时监控，可以及时统计生产效率，并为标准作业时间提供现实依据；对车间异常状况进行实时分析，可以及时优化现场作业，消除七大浪费；对实际换模时间进行实时跟踪，能够分析换模效率，以进一步优化快速换模技术。

第三节　信息化视阈下精益生产工具的应用

一、生产线状态监控

实施信息化后，可以对生产线的生产状况、设备状况、品质状况进行实时的监控。

图 4 - 3 所示的看板可以迅速传递工厂内各生产线的实时信息，以通知相关人员及时进行处理。

生产线	P001	P002	P003	P004	P005	P006
生产状况					缺料	故料
品质状况			87.3%			
设备状况	维修中					
计划停止						
非计划停止						
缺料					25 分钟	40 分钟

图 4 - 3　生产线状态监控看板（一）

图 4 - 4 所示的看板能够以标准的流程图的方式显示生产线各工序的状况，其中包含工序的品质监控、生产状态的监控、各储存位置的产品数量等。

编号	Andon	当前停机时间	工位状态	目标产量	当前产量	合格率	处理人员
1	●●	00:00:00		123	20	95%	
2	●○	00:00:00	4号帮助未处理	213	200	98%	
3	●●	00:40:00	3号故障处理中	244	210	94%	李四
4	●●	00:00:00		445	400	89%	
5	●●	00:10:00	1号维修中	455	300	99%	王五
6	●●	00:00:30	2号缺料处理中	255	158	95%	赵治勋
7	●●	00:00:00	1质量处理中，3故障处理中	255	233	95%	李发邱道
8	●●	00:00:00	2质量待处理中	768	456	97%	王丽
9	●●	00:00:00	4质量待处理中	680	345	92%	
10	●●	00:00:00	1质量待处理中	145	101	96%	

图 4 - 4　生产线状态监控看板（二）

二、生产线预警

生产线预警系统可以及时发现生产中存在的问题，通过多种方式，根据故障的等级程度进行逐层报警，并通知相关人员。

图4-5所示的看板可以显示每条生产线各工序的实时产量信息及缺陷信息，当废品率超过警戒水平时，则以红色进行报警。

P001	工序01	工序02	工序03	工序04	工序05	工序06	工序07	工序08
产量	1000	999	998	990	997	980	970	960
不良品	2	0	0	0	0	2	1	8
废品率								
生产状态								

图4-5　生产线预警看板（一）

图4-6所示的看板可以通过进度条的方式对生产线各工序状态进行监控，出现异常时用不同颜色发出警示。

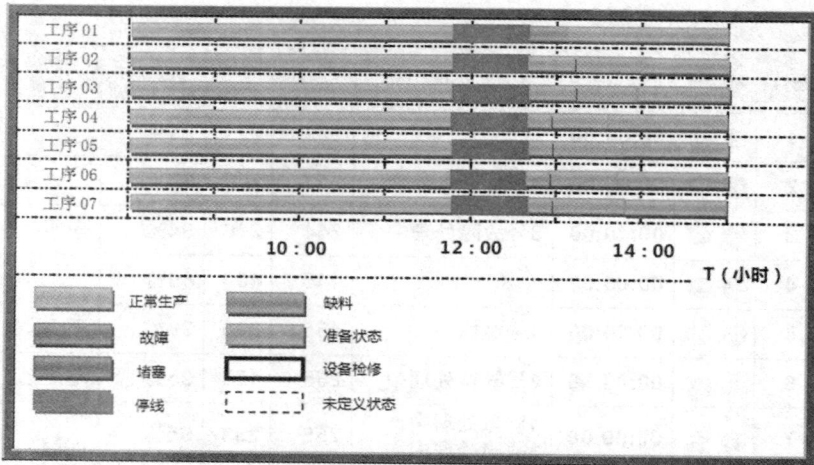

图4-6　生产线状态监控看板预警看板（二）

三、生产进度监控及信息分析

通过生产进度监控，可以显示计划、预订、实际产量及产量差额，可以查看来自各生产线的所有看板汇总信息，并以图形化的方式进行显示，以便相关人员实时掌握车间中的生产状况、设备状况、物料状况等。

图 4-7 所示的看板可以显示订单编号、生产目标、生产进度及当前的工作时间，使管理人员随时掌握生产进度。

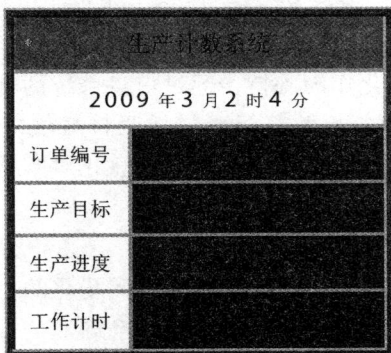

生产计数系统	
2009 年 3 月 2 时 4 分	
订单编号	
生产目标	
生产进度	
工作计时	

图 4-7　生产进度监控及信息分析看板（一）

图 4-8 所示的系统可以显示计划产量与实际产量比较报告及报表，为生产控制提供依据。

		日期	2-6	2-7	2-8	2-9	2-10
A 产品	工序 A	计划	29.00	32.00	32.00	32.00	14.00
		实际	27.00	30.00	35.67	31.28	16.00
		累计差额	2.00	4.00	0.33	1.06	-0.95
	工序 B	计划	31.00	30.00	29.00	35.00	16.00
		实际	27.00	30.00	30.45	30.34	16.00
		累计差额	4.00	4.00	2.55	7.21	7.21

（a）

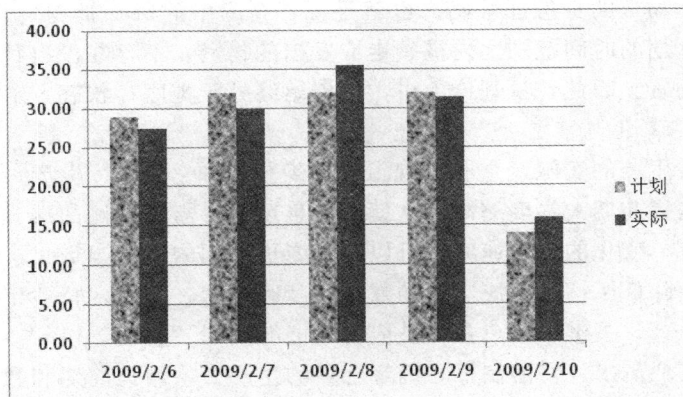

（b）

图 4-8　生产进度监控及信息分析看板（二）

四、精益生产工具信息化取得的效果

精益生产通过拉动式生产方式，减少在制品和成品库存等不必要的资金占用，但这需要生产的均衡化作为支持。通过信息系统的精确计算，提前计算出生产需求数量、提前期等，各相关部门（包括原材料供应商）按单生产、按需供应，从而提高了生产的均衡性。归纳起来，信息化对精益生产的助推作用主要体现在以下几个方面：

1. 减少各生产环节在制品的资金占用

精益生产通过拉动式生产方式，结合多种同步化的应用手段，目的是满足市场需求，减少流通环节的浪费。信息系统通过准确地估算潜在需求，不仅可以更精确地平衡生产、技术、质量能力，并且可以将每个环节的需求传递给上一级供应部门，乃至外部原材料供应商，各环节按需为下一环节提供保障，从而可以达到减少各生产环节在制品资金占用的目的。

2. 实现真正的柔性生产

通过精益生产的实施，车间生产现场能力大幅度提高；通过信息系统，生产计划人员对排产和产能有了精确的掌控，从接收到订单，到生成排产指令，再到生产线加工、产成品入库，实时按要求拉动上一级供应单元。这一系列工作都由信息系统有条不紊地按照预先计算好的顺序进行，即使客户订单发生了变化，只需修改一下相关参数，其他环节可以自动完成。这样就减少了新产品试制时间，增强了常规产品市场应变能力。

3. 真正实现零库存

通过信息系统的应用，对于每一批进入仓库的物资，均有订单与其对应，订单号就是仓库物资的身份证号码。也就是说，仓库中的每一批物资均是活库存，均是应该在计划的时间范围之内被领走或发出的物资，不存在没有计划而被闲置下来的库存物资。因此，从理论上讲，物资始终处于零库存状态。

4. 实现信息化与精益生产的融合

通过精益生产的实施，企业实现了快速换模、"一个流"生产，从而使制造提前期和采购提前期大幅度缩短，这就使信息系统对需求预测的准确性更高，提高了对客户订单变化的反应速度，可以及时变更采购的内容与数量。因此，精益生产协助企业降低了信息系统实施的复杂程度和难度。同时，精益生产按需拉动生产的运作方式，关键的一点是各供应单元能够实现"精益"供货，即通过信息系统来进行物料需求计划的制订，确定合理的生产、采购提前期和数量，使整个供应链实现整体"精益化"，从而保证生产活动的高效运行。由此可见，信息化与精益生产相辅相成，实现了融合。

■ 第五章

信息化视阈下的精益质量管理

第一节　精益质量管理的理论基础

在市场经济快速发展，企业间竞争日益激烈的今天，质量对于企业的重要性日益明显。产品质量是企业核心竞争力的重要因素，提高产品质量是保证企业赢得市场竞争力，从而能够持续发展的重要手段。企业要想做大做强，就必须在增强创新能力的基础上，努力提高产品质量和服务水平。纵观国内外，每一个长盛不衰的知名企业，其产品或服务都离不开过硬的质量。所以，质量是企业的生命，是企业的灵魂，任何一个企业要生存和发展，就必须千方百计致力于提高产品质量，不断创新和超越，追求更新、更高的目标。一个企业唯有不懈追求、精益求精，才有希望立足于时代的领先行列。

一、精益质量管理的概念

精益质量以高质量为目标，强调在产品质量形成过程中，以最少的质量管理成本获得最高的质量产出。为了实现精益质量目标，需要有针对性地实施有效的管理活动，即精益质量管理。精益质量管理是在生产系统中，针对质量要素，综合运用多种质量保证、控制工具和方法，监控关键质量指标并持续改进，同时不断减少系统质量损失，使企业质量绩效不断提高的管理活动。精益质量管理围绕生产作业系统质量、效率、成本综合改善的目标，吸收借鉴了 TPS、六西格玛等优秀管理成果，是从生产的系统改进、工序的标准化、员工的专业化等方面实施管理和持续改进的活动。精益质量管理是企业提高经营绩效的重要战略。

二、精益质量管理的内涵

随着各种先进管理思想的发展和应用，精益思想也在质量管理方面获得发展，并逐渐形成了精益质量管理。精益质量管理是综合了精益思想、全面质量管理、ISO9001质量管理体系及六西格玛管理等优秀管理理念而形成的，其内涵包括以下几个方面：

（一）流程标准化

标准化的工作流程是企业实施精益质量管理的基础。一切工作都应按照流程标准来完成，不清晰的流程更容易导致问题的出现，只有在任何情况下都坚持流程的标准化操作，才能更好地提高企业的效率，增强质量管理能力。

（二）生产系统化

精益质量管理重视对生产系统的管理，从产品的生产过程中发现并解决影响产品质量的问题。精益质量管理利用精益生产中的6S管理、可视化等工具保证了生产系统有条不紊地运行，并利用各种方法对产品质量信息进行分析，找到并解决影响产品质量的各种问题。

（三）产品质量零缺陷

精益质量管理借鉴了精益生产中对产品质量零缺陷的要求，这就要求全体员工始终将"零缺陷"作为工作标准，对任何一道工序都精益求精，在第一次操作的时候就将事情做好，不放过任何一点小问题，以保证产品品质的零缺陷。

（四）质量持续改进

持续的质量改进是ISO9001：2008标准给出的八项质量管理基本原则之一，也是精益思想、全面质量管理及六西格玛管理重点关注的管理原则。精益质量管理中的质量持续改进强调以客户的需求为中心、全员参与，并结合全面质量管理的理念，对生产过程中的质量进行持续改进。

三、精益质量管理的原则

精益质量管理借鉴了精益生产和ISO质量管理体系的理念，形成了"三不"和持续改进的原则。

（一）不制造不合格产品

每一位员工的标准化意识和每一道工序的标准化操作是保证不制造不合格产品的关键，这是"三不"理念中的重点。只要每位员工都不制造不合格产品，就能保证"不输送不合格产品"和不接受不合格产品。

（二）不输送不合格产品

操作者或者质检人员发现不合格产品后，应立即暂停本工序的生产，以防不合格产品被输送到下游工序。为了保证及时发现不合格产品，员工的自检和质检人员的全检或抽检非常重要。操作者应熟练掌握产品的各项属性及其检验方法，对自己生产的产品进行自检；质检员依具体情况而定，对每道工序的产品分别进行全检或抽检，保证不合格产品不被输送到下游工序。

（三）不接受不合格产品

操作人员在发现前导工序输送来的产品不合格时，应立即通知前导工序及质检人员，要求前导工序立即停工分析产生问题的原因，在彻底解决问题后再开工。

（四）质量持续改进

精益求精是精益思想的精髓所在。在产品的质量方面，通过不断地对产品质量信息进行整理和分析，找到和消除影响产品质量的各种问题，从而使产品质量得到持续改进。

四、精益质量管理组织结构

依据"公司、车间、班组"的组织结构，质量组织体系分为"决策层、执行层、操作层"三层。决策层集中精力抓好质量规划、监督、评审和市场质量反馈及协调服务，努力打造前瞻研究、统筹规划、引领质量发展的决策中心；执行层着力抓好质量策划、监督检验、评价和质量分析与改进，努力打造与改进精益卓越、优质低耗的质量保障中心；操作层着力抓好质量执行、质量预防、过程自检控制、质量改进，努力打造精细管理、精准控制和精美产品的加工中心。

质量管理业务从纵向上分为质量策划管理、质量过程控制管理、质量监督检验管理、质量评审评价管理以及质量分析与改进管理；从横向上看，根据质量管理业务的职责，可划分为公司、车间和班组。

（一）质量策划管理职责

（1）公司职能定位。确定质量方针和目标，并为实现目标所必需的各种活动进行规划和部署；策划、建立企业质量管控体系；策划、建立企业（质量）标准体系；编制产品质量相关过程的评审计划；制订质量培训计划；建立质量考核和激励机制；推广先进的质量控制技术和方法。

（2）车间职能定位。分解落实公司质量目标；生产过程质量管理策划；质量检验策划；质量评审和改进策划；质量技术策划；质量考核和激励机制策划。

（二）质量过程控制管理职责

（1）公司职能定位。通过信息化监控系统等渠道进行质量监督，掌握过程质量状态，及时获得生产过程中与产品质量相关的异常信息，督促和协调处理生产过程中的异常问题。

（2）车间职能定位。对生产过程进行实时监控，及时发现、分析和处理过程异常情况，维护过程稳定运行；建立标准化作业程序，完善自检自控模式；建立和规范质量巡检制度，贯彻预防与结果控制相结合的质量管理思想，保证工艺纪律的执行；建立在线检测装置的点检、校准、比对、分级等管理制度，以确保在线质量检测装置完好、运行灵敏有效；开展过程质量统计分析，系统地发现过程控制的薄弱环节，为过程改进提供支持。

（三）质量监督检验管理职责

（1）公司职能定位。对生产过程关键质量指标、产品外观质量等进行抽检，并根据抽检结果出具统计分析报告；对产品外观质量、感官质量等指标进行市场抽检，形成统计分析报告；对关键质量指标和工厂的质量控制水平进行质量综合分析，使工厂明确差距，制订改善措施；针对国家有关部门、技术中心和生产制造部等质量检测中发现的问题，及时提出改进建议；统计市场质量反馈信息，督促相关责任部门及时整改。

（2）车间职能定位。物资质量检验；过程质量检验；工艺质量巡查；检测数据统计分析；不合格产品评审和处置；及时处置市场质量反馈信息，制订并落实纠正预防措施。

（四）质量评审评价管理职责

（1）公司职能定位。定期开展质量保障能力评审；对制造过程控制能力（过程六西格玛水平）进行抽查测评；对原材料质量保障情况进行统计评价。

（2）车间职能定位。及时对材料的进货、使用质量和服务质量进行评价；定期开展质量保障能力和制造过程控制能力自我评价；定期开展特殊工序确认。

（五）质量分析与改进管理职能

（1）公司职能定位。建立健全质量改进管理制度，明确项目立项、过程检查、成果评审、推广应用及标准化等要求。

（2）车间职能定位。对质量控制中存在的问题，开展研究攻关；组织开展QC（质量控制）小组活动；组织开展六西格玛项目改进活动；不断推进质量缺陷库建设。

第二节　基于信息化的精益质量管理

实现精益质量管理，离不开信息技术的应用。使用信息技术，能够合理优化企业质量管理流程，有效整合企业的各项资源，迅速传递产品质量的相关信息，并获得及时的反馈。利用信息技术的数据处理技术，对收集到的产品质量信息进行科学分析，可以加快产品的技术改进，提升企业的品牌效益，提高质量管理运行效率，同时，可以提高企业产品质量，实现精益质量管理的目的。

一、传统质量管理方法的局限性

（一）质量信息采集与管理

质量信息是质量管理的记录和过程控制的重要依据和凭证。质量管理体系中对质量记录有着明确要求。传统的手工管理中，质量信息采集以人工采集为主，信息记录普遍采用纸质记录的方式，各部门分散管理各自直接相关的质量记录。这就给质量信息的共享、查询和追溯造成不便。由于信息处理过程的相对孤立，信息分散管理，在组织内部存在大量的信息孤岛，影响了信息的实时交流和反馈，制约了组织对质量信息的有效把握和处理，进而影响到组织对质量形成全过程的有效控制和持续改进能力。质量信息记录缺乏规范性和统一性，会给统计分析带来困难；而因保管不善造成的记录丢失，则会给企业带来极大的质量隐患。

（二）质量过程控制

虽然许多企业建立了一整套完善的质量管理程序文件和过程规范，对影响质量的主要过程都进行了规划，并制订了相应的控制办法，然而，文件规定与实际操作不相符的现象十分普遍，质量过程有法不依、违规操作和口头指挥的现象时有发生。规范的流程要有相应的系统和工具来保障，而不是简单依靠人的自觉性和管理制度。缺乏信息系统辅助的质量管理和缺乏流程固化的过程控制，势必无法将文件要求同人的操作紧密联系起来，以达到过程受控的目的。在传统管理方式中，质量过程的流转采用表单传递、人工流转的方式，信息传递缓慢、工作效率低下。这种方式使得许多质量信息，尤其是产品故障信息的处理过程无法有效监控和追踪，许多质量管理信息发布以后，如泥牛入海，杳无音信，使得质量控制过程无法得到有效监控和追踪。

（三）质量分析与决策

统计技术的应用是质量分析与决策的主要途径。由于信息分析滞后，数据的丢失导致分析结果失真，进而造成决策失误，是质量管理中存在的主要问题。质量信息是企业质量改进的依据，对质量信息的统计分析和深度挖掘能够准确识别存在的问题，为进一步改进提供依据。现代企业质量信息庞大，仅以传统的手工处理无法完成这项工作。因此，虽然有许多质量分析的工具和方法，但由于企业缺少有效的现代信息技术，无法对如此庞大的数据进行有效分析，因而这些工具也就无法得到充分应用。此外，缺乏系统管理会造成数据大量丢失，导致分析结果失真，也会导致分析失去相应的指导意义。

二、精益质量管理信息化平台

精益制造管理体系质量管理信息平台涵盖质量策划、过程控制、监督检验、质量评价、质量改进等核心流程，形成 PDCA 闭环管理。通过对生产制造过程进行系统的策划、预防、控制和改进，可以不断提升质量保障能力，实现工艺过程控制精准稳定，质量管理精益卓越，确保质量特性持续满足产品设计要求。按照分工管理的原则，实现公司生产管理部门、质量管理部门和生产车间三个层次的质量管理目标。通过明确公司、车间、班组三个层次的职责，借助 SPC（统计过程控制）、六西格玛等现代质量技术和流程动态监控系统，实现对质量的稳定、均质控制要求，为将生产制造中心建成精益质量保障中心提供支撑，如图 5-1 所示。

质量管理信息平台可以实现以下几个功能：

（一）质量策划管理

质量策划管理主要面向公司，突出质量规划、质量评审等战略职能，侧重质量控制目标、控制思路和控制结果。

其主要功能包括：建立公司统一的质量目标管理体系，确保公司质量战略得到具体落实和不断优化；统一管理各类质量标准文件，确保生产过程所使用标准的规范性和准确性；汇总公司所推行的质量工程技术，形成质量资料库，便于各车间借鉴和应用；建立市场质量问题反馈的快速反应机制；实现各类抽检结果的快速发布和查询；综合分析关键质量指标和各车间的质量控制水平，使各车间明确差距，提高水平。

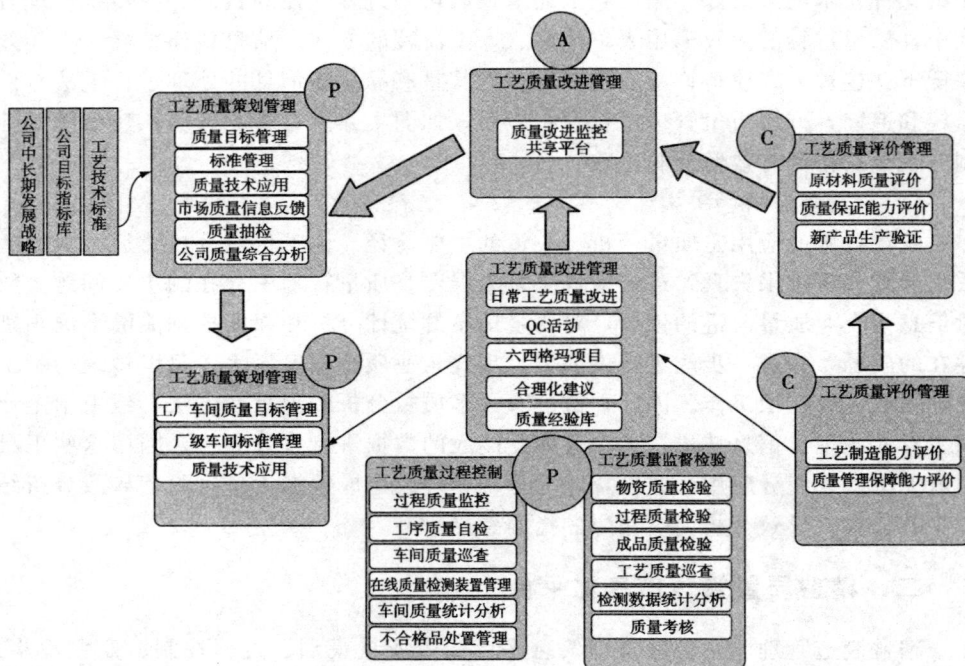

图 5-1 精益制造平台——质量管理体系

（二）质量过程控制

质量过程控制主要面向生产车间，以"自检自控"控制模式为核心，强化现场质量控制的职能。通过设立监测指标体系，能实时监测到生产过程中的质量状况，并对异常情况进行实时报警。

其主要功能包括：建立产品工艺关键指标和参数过程控制网络，运用 SPC技术，对各车间的生产过程进行实时监控，及时发现、分析和处理过程异常，维护过程稳定运行；在生产过程中，以机台人员的自我检查和自我控制模式进行过程监控，预防各类质量缺陷；建立规范的车间质量巡检制度，保证工艺纪律的执行；通过多维过程能力分析，系统地发现过程控制"短板"并对其加以科学改进，持续提升制造过程能力，保证产品质量的稳定和持续提升；建立规范的在线质量检测装置点检和比对校验记录档案库，保证在线质量监测装置的有效性和稳定性；快速消除质量隐患，避免不合格产品的非预期使用。

（三）质量监督检验

质量监督检验主要面向企业质量管理和质量检测部门，突出质量监督、检验、考核等管理职能。在生产过程中进行各种检验活动，主要任务是把质量特性值控制在规定的波动范围内，保证产品质量。

其主要功能包括：建立统一的质量检测数据中心，以及完整的实物质量检测记录，以便查询和追溯；建立规范的质量巡检和过程质量检测数据库，保证工艺纪律的执行；实现对质量检测结果多维度统计分析，客观反映质量"短板"，推动质量改进。

（四）质量评价管理

质量评价管理主要面向公司质量管理部门和生产车间，通过评价发现问题，形成自我评审、自我分析、自我改进机制。

其主要功能包括：建立科学的材料评价模型，实现对供应商质量的科学评价并生成月度、季度和年度评价报告；建立基于生产过程制造能力的评价模型，系统地评价工序/机台、生产线、车间、工厂的过程质量水平，为开展过程质量管理和改进提供信息支持；建立新产品生产验证管理平台，相关的生产验证信息在质量管理平台中进行汇总展现；实现特殊过程、关键工序确认信息的汇总展现。

（五）质量改进管理

质量改进管理主要面向各相关部门和生产车间，突出工厂的持续改善职能。

其主要功能包括：通过对质量改进项目的全过程管理，包括项目立项管理、项目进度管理、项目变更管理和项目成果管理，实现项目信息透明化、过程可控、成果可查；同时，通过质量经验库将异常问题处理和质量改进过程中有价值的信息进行积累和汇总，为工厂质量管理、过程控制、修订标准、同类问题分析诊断和职工培训提供重要的依据和参考。

三、信息化技术对精益质量管理的支持

如前所述，精益质量管理包括流程标准化、生产系统化、产品质量零缺陷化和质量改进持续化。精益质量管理系统的五个模块可以有效地对这四个目标提供支持。因此，企业建立基于信息化的精益质量管理体系，可以不断地提高企业的质量管理水平，形成数字化的在线质量监控、分析、评价体系和持续性的过程质量改进，从而有效提高企业的整体管理水平和信息化水平，改进工作效率，提高决策水平，大幅度提升企业形象，产生巨大的经济效益和社会效益，如下表所示。

信息化技术对精益质量管理的支持

目　标	精益质量管理			
分目标	流程标准化	生产系统化	产品质量零缺陷化	质量改进持续化
信息化支持	质量策划管理	质量策划管理	质量过程控制＋质量监督检验	质量评价管理＋质量改进管理
效果	数字化的在线质量监控 数字化的在线质量分析 数字化的质量评价体系 持续性的过程质量改进			

第三节　信息化视阈下精益质量管理体系的应用

一、数字化的质量改进体系

推动持续性的过程质量改进是实施在线质量预警和分析数字化的重要目的。通过预警和分析系统，当发现质量问题或质量隐患时，根据改进对象的性质、难易程度、涉及面等的不同，分别采取自主灵活的 QC 活动、逻辑缜密的 8D 小组活动、专业高效的六西格玛项目、快速反应的持续改进活动、其他车间班组级的现场分析改进活动等形式实施过程质量改进。企业在实践中需要不断优化质量改进机制，充分利用中央控制系统和数据采集系统的数字化处理能力，做到质量问题实时预警、实时反馈、实时处理、实时改进，形成"评价提升、项目管理、效能整合、自我改进"的质量改进机制，规范质量改进流程。

在过程质量改进取得成效之后，进入缺陷库管理流程。先由车间进行缺陷库初审，提交企业缺陷库管理办公室进行预审，每季度由办公室召集企业各领域专家进行综合评审，最终确定入库缺陷条目。对于最终入选的缺陷条目，根据不同的技术解决难度，给予提案人不同档次的奖励，激发员工参加质量改进、总结控制经验的热情。

为使缺陷库真正发挥指导操作、避免重复错误、减少质量隐患的作用，缺陷库的建设也需要纳入数字化轨道。在车间中控系统中集成质量缺陷库的内容，并分工序在现场操作站为操作人员提供查询服务，在重要工序还应实现缺陷库随预警信息自动弹出功能。企业建立质量缺陷库（专家知识库），通过研究重点工序关键质量特性，运用数据挖掘技术，诊断和分析过程异常，查找异常根源，运用缺陷库和专家控制技术，对过程异常进行追溯并提出预警方案，为自动化控制系统提供执行建议或直接协同执行，如图 5-2 所示。

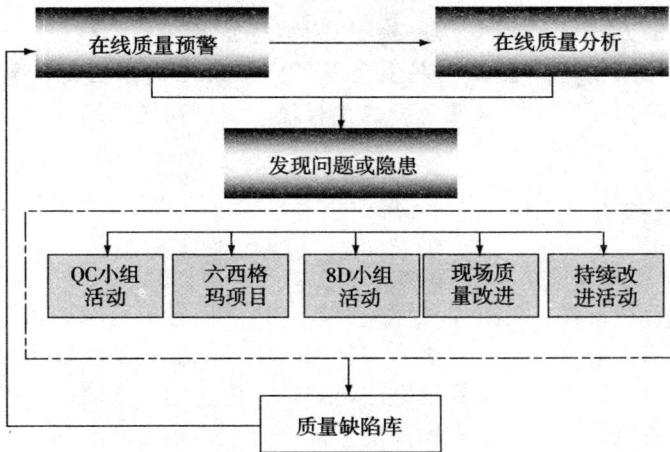

图 5-2　质量改进流程

二、实时在线检测与自动化

（一）异常情况下的自动化检测

异常情况下的自动化检测技术和手段是丰田公司自动化的首要环节。因为检测装置（或仪器）就如同人的眼睛，可以感知和发现被加工的零部件本身或制造过程是否有异常情况发生，并把所发现的异常情况的信息传递给接收装置，由后者发出各种动作指令。

基于信息化的精益质量管理广泛采用接触式和非接触式的检测装置和手段。这些自动化检测技术和手段不仅能保证产品质量，而且能帮助消除作业人员必须精心留意每个作业细节的烦恼，从而更有助于提高人的生产效率，比单纯凭感觉和判断的方法要优越得多。

（二）异常情况下的自动停机

丰田公司的自动化特别强调两点：其一是发现质量缺陷和异常情况必须立刻停止生产；其二是必须立刻查清产生质量缺陷和异常情况的原因，并彻底纠正，使之不再发生。这样，只要有不合格产品或异常现象产生，它们就会立刻显露出来。而当问题显露出来时，生产线必须停止下来，从而使人们的注意力立刻集中到问题上，改善活动就会立即开展起来。

基于信息化的精益质量管理检测装置发现异常情况时，会立刻自动发出指令，停止生产线或机器的运转。当然，生产线或机器自动停止运行后，现场的管理人员和维修技术人员会马上到达出事地点，和作业人员一起迅速查清故障原因，并采取改善措施。

（三）异常情况下的自动报警

丰田公司的自动化不仅要求自动发现异常和自动停止生产，而且要求把异常的发生以显著的方式显示出来，通常是用指示灯显示。

基于信息化的精益质量管理在生产现场中最常用的报警方法就是用灯光显示。这种方法既简便实用，又便于可视化管理，便于现场管理人员了解和掌握现场的生产状况。

三、质量保证机制

（一）建立质量主管跟踪机制

做好质量管理工作，首先要从源头抓起。建立质量主管跟踪机制，就是要充分发挥源头作用，为后续质量改进夯实基础。质量主管接到在线质检人员关于质量问题的报警后，应填写下发停机整改通知单，描述质量缺陷；车间主任和工艺员确认签字，质检员通知机台操作人员停机。对于检测出的问题，质量主管应逐个进行追溯跟踪，直至质量问题排查解决，并记录追溯情况。对重新开启的机台，质检员应进行整改后的效果跟踪检验，质量主管进行重点关注。

（二）建立质量信息反馈机制

（1）建立质量信息日反馈机制。为确保该项工作有效推进，应加强质量信息的统计与反馈，对质量缺陷和停机信息进行当班统计和分析，及时传递，向上传递至主管领导，向下传递到车间主任、工艺员，再通过车间传递到机台、操作人员，便于各级人员掌握实时情况。另外，对一些生产过程中具有共性的问题，车间部门应成立课题组，共同分析原因，提出改进措施。这样，就形成了"统计分析——及时传递——问题整改——效果验证"的闭环质量信息日反馈机制。

（2）建立原材料信息沟通机制。每次更换材料应形成信息链，物资供应部门以电子表格的形式提前一天下发到相关车间，车间对材料信息进行核对，对材料使用情况记录予以反馈，质检部门进行跟踪并将问题反馈到厂家进行整改，以确保更换材料期间质量稳定。同时，完善材料防差错流程，从入库、机台接收使用到整个生产过程，细分把控关键节点，规定操作规范，提高预防能力。

（三）注重源头治理，加强材料把关

（1）在材料进厂环节，对容易出现质量问题的材料加大抽检比例。

（2）对于生产过程中发现的材料质量问题，及时向企业采购部门和供应商反馈信息，召开材料供应商质量座谈会，对材料质量问题进行通报和实物展示，发出质量问题整改书，共同研究改进材料质量。

（3）对于质量问题较多、质量波动大和上机适用性差的材料，由主管领导亲自带队，组织技术、质量管理人员到供货厂家帮助分析原因，指导整改，督促供应商从生产源头提升材料质量。

（四）推进体系建设，强化激励引导

随着质量改进机制的推进，原有制度如果不适应形势的发展，应根据工作实际，在企业技术标准框架下，制订企业内控标准。

（1）对管理制度在原有基础上进行持续优化，从制度层面激励引导车间强化内部管理，持续改进提升。

（2）建立月度质量分析会制度，加强每周质量分析和批次分析，关注周期性和趋势性质量波动，关注班次间、批次间、机台间的质量差异，从检测数据中找波动，在波动中找异常，针对异常找原因，针对原因抓整改，指导车间和机台进行改进。

（3）落实技术标准的执行和问题的整改。牢固树立精品意识，质量零缺陷不仅体现在加工过程精益求精，而且在实物质量上追求完美。深入开展质量隐患排查活动，激励引导，加强对重复性质量缺陷的检验，建立长效机制。

（五）突出责任主体，推行自检自控

（1）以员工岗位胜任能力为重点，加强学习型部门和班组建设。精心组织岗位练兵和技能竞赛；完善绩效评价机制，加大质量考核的力度，并切实做到动态管理、绩效挂钩，促使员工由"要我做"变成"我要做"，由"要我学"变成"我要学"。

（2）对生产过程中可能发生的问题进行系统性的分析，明确产品制造过程中需要自检的项目和自控的措施。针对容易出现的质量缺陷和质量波动的特殊时间段，在操作人员自检自控的同时，由质检人员进行抽检，及时发现质量缺陷；同时，加大检查考核力度，引导职工认真做好本岗位工作质量、实物质量的自检自控。

（六）扎实开展质量改进活动，固化活动成果

（1）围绕提高产品质量这个主题，引导员工深入学习应用质量管理方法，用创新的方法去研究问题、解决问题。对于排查出的突出的、难以解决的问题，成立攻关小组，分析解决问题，加强过程控制和预防改进。

（2）把解决问题的过程进行总结，作为车间培训的课件，对技术人员进行培训，推广应用先进方法。对出现的同一类问题，将产生原因、改进措施、预防重点作为质量缺陷条目纳入质量缺陷库，并通过生产现场的质量缺陷库查询平台，方便员工查询。对有价值的经验和有效的做法进行应用和推广。同时，利用质量缺陷库对员工进行技术培训，将质量缺陷库应用于指导实际的质量问题分析与改进，实现经验共享。

■第六章

信息化视阈下的精益设备管理

第一节 精益设备管理的理论基础

生产设备是生产力的重要组成部分和基本要素之一，是企业从事生产经营活动的重要工具和手段，是企业生存和发展的重要物质财富。提高设备管理水平，对促进企业发展与进步有着十分重要的意义。

在企业的生产经营活动中，生产设备管理的主要任务是为企业提供优良的设备和保证经济的运行成本，使企业的生产经营活动建立在最佳的物质技术基础之上，保证生产经营顺利进行，以确保企业提高产品质量，提高生产效率，降低生产成本，进行安全生产，从而使企业获得最大经济效益。在新产品开发、产品生产、包装质量、储存状态等一系列生产经营活动中，无不体现出生产设备管理的重要性。企业为了赢得竞争，降低生产成本，生产出满足客户需求、为企业创造最大经济效益的高质量的产品，生产设备管理是重要保障。生产设备管理水平是企业的管理水平、生产发展水平和市场竞争能力的重要标志之一。

一、精益设备管理的概念

精益设备管理是指运用精益管理思想和工具，以客户需求为出发点，持续改进和优化设备技术管理、经济管理、组织管理，消除设备管理过程中的各种浪费，保证企业以高品质、高价值、高效率对市场需求做出迅速的响应。设备精益管理的主要任务是导入精益管理的思想和工具，进一步提升设备管理精益化水平和对工艺质量、节能降耗等管理的保障能力。

精益设备管理涉及多方面的工作，包括检修维修技术运用、检修维修系统管理、设备安全管理、质量检查及控制、生产工艺保障、设备人力资源管理、备件管理及成本控制、生产及设备供应链合作等。精益设备管理以设备精细化管理为主线，以效率提升为过程，以直接的产品产出为结果，以企业的成本降低、利润提高为目标，最终在企业中形成人机和谐的管理文化。

二、精益设备管理的内容

精益设备管理是对现有设备管理的有力补充和升华，其核心思想是"用最少的费用，创造更多的利润；用最少的生产人员，创造更高的效益"。其主要内容包括以下几个方面：

1. 综合效率精益化

精益设备管理运用系统的观点和方法，把设备的一生作为研究和管理对象。精益设备管理把生命周期费用作为评价设备管理的重要指标，通过将设备生命周期内所有可能产生的费用量化，追求生命周期费用最小化，而不只研究某一阶段费用的经济性，建立全员的经济高效精益化设备管理体制。精益设备管理是以提高设备的综合效率为目标，优化设备管理的各个环节，减少设备的停机次数，减少设备在运行过程中的成本，从而达到提高设备的使用寿命，提高生产效率，从"减少"的角度提高企业的利润，使企业在产品成本上更有竞争力。

2. 保障生产精益化

精益设备管理最大限度地保证了生产过程的正常运行，包括质检、工艺、维修、操作等各个方面的保证。通过对生产线的合理布置，将一线能完成的所有环节都放在一线完成，减少半成品转移，最大限度地提高效率。精益设备管理的特点是要求一线员工"自己操作的设备，自己维修；自己生产的产品，自己检查；自己要生产的产品，自己写工艺文件"，通过管理技术人员和下游工序的生产人员实现过程控制，包括现场管理、记录填写、人员培训等方面。

3. 运行维护精益化

精益设备管理采取动态的检修和维护制度。维护制度是检修制度的基础，改进检修制度的重点是突出维护制度，将监护维修与计划预修相结合，调整检修方式，提高计划检修的针对性和有效性，减少周期性检修的盲目性所造成的浪费，以达到设备投入的最佳经济效果。重视技术进步的作用，根据企业发展目标，有计划地引进先进工艺技术，实施技改技措和技术创新，不断提高设备管理水平，提高工效，减少消耗，提高设备运行效益。

4. 管理信息化

设备管理信息化是实现精益设备管理的最重要的环节。通过建立企业的设备管理体系，实现在整个企业范围内的设备数据共享，进而提高企业设备的运行维护能力。信息化改变了以往的经验型管理模式，提高了设备效率，优化了资源配置，实现了信息化带动工业化发展的目的。信息化还可以使设备管理人员及时了解设备的运行状况，帮助决策者做出准确决策，进而实现企业各部门快速报送数据，为企业整体决策提供技术支持，为实现精益设备管理打下良好的基础。

三、精益设备管理在流程型行业中的应用

随着生产技术的不断发展，设备管理对于流程型行业提高产品质量、降低能耗起着越来越重要的作用。在很长一段时间内，这类行业的设备管理主要依靠经验管理。如何减少设备故障，提高生产效率，推动设备管理从经验管理向科学管理转变，是流程型生产行业探索的重要课题。

设备管理精益化工作的宗旨是设备运行综合效益最大化。企业应采取综合技术经济管理措施，高效利用原辅材料，不断提高产品质量，合理控制运行费用，保持运行效率持续、稳定提高。

设备管理精益化的目标包括产品质量、维护费用、材料消耗、运行效率等。企业应努力追求设备运行零故障、设备诊断零失误、备件管理零冗余、设备零安全事故；在管理上做到"六个精"，即设备信息管理精细化、设备状态预测精确化、运行成本控制精细化、设备修理精准化、设备保养精心化、队伍建设精干化。

企业设备管理精益化工作包括六个方面：①以设备全生命周期为管理对象，做好基础信息的精细管理；②以可靠预测设备运行为手段，开展设备状态的精确管理；③以健全的检修维修体系为保障，推行设备的精准修理；④以综合规范的保养为准则，实施设备的精心保养；⑤以备件精确管理为措施，实现运行成本的精细控制；⑥以高素质技能人才为核心，建设精干的设备管理队伍。

当今是一个信息技术快速发展、集成发展、全方位发展的时代，信息化技术的发展与广泛应用是大势所趋。企业要对设备管理信息化建设工作充分重视。设备管理信息化是数字化建设的有机组成部分，是实现信息化和工业化"两化"深度融合的重要基础。建立高效的设备管理信息化平台，能够有效发挥网络技术在传递信息、整合资源、传承知识、提升管理方面的作用，有效解决企业和基层车间之间信息不对称的问题，促进设备管理工作效率的提高。

第二节　精益设备管理的保障机制与应用

一、精益设备管理的保障机制

（一）建立绩效评价体系的应用机制

企业不仅需要关注设备运行状态、设备维护成本、设备精度等与设备直接相关的指标，而且应将产品质量、原料辅料消耗、设备投入产出率等指标作为评价对象，为设备管理精益化提供可量化的科学评价依据。企业可以按照"引导性、可比性、定性与定量评价相结合"的原则，逐步建立起基于过程控制与结果控制

相结合，设备效能指标与质量、消耗、效益指标并重的设备管理绩效评价体系。

（二）建立健全人才成长激励机制

人才是企业管理工作中最基础、最活跃、最关键的要素，管理精益化离不开高素质人才的支撑。企业应积极支持人力资源管理部门，持续加强设备管理技术队伍的激励与管理工作，建立完善的专业技术人才和技能人才的成长通道。

（三）开展"管理课题"研究活动

设备管理精益化目标的提出，以及企业设备信息化工作的加快推进，会使得一些原有的管理方式和管理流程难以适应新的工作环境，因而应该按照设备管理精益化的要求进行优化或改造。企业可以通过开展"管理课题"等一系列研究活动，解决制约设备管理精益化的瓶颈问题和关键问题。同时应制订相应的激励措施，确保课题研究工作取得成效，切实以课题方式促进设备管理精益化瓶颈问题和关键问题的解决。

（四）创新"抓点带面"的思路和办法

为了推进设备管理精益化，应将设备管理的责任主体由以前的以公司为主体，转变为公司、车间两级责任主体。在公司层面，除了继续抓好设备点检、创新项目等典型经验的总结推广外，还应侧重发现在各车间推进管理精益化工作中的好做法、好经验，并组织力量及时进行总结提升，形成典型经验，在全公司推广应用；各车间层面也应不断找准推进工作的切入点和着力点。通过采取定目标、定责任、定时限、定奖罚等切实有效的措施，确保创新项目取得成效，并积极开展推广应用，推动设备管理精益化工作不断取得新成果。

二、精益设备管理在生产企业的应用

面对当前激烈的市场竞争，企业要实现持续发展，实施精益管理势在必行，实施精益管理首先应该通过现场观察了解发现工作中七种不精益的现象：即等待的浪费、搬运的浪费、不良品的浪费、动作的浪费、加工的浪费、库存的浪费、制造过多的浪费。只要花些时间认真观察，各种浪费现象自然尽收眼底。如果有可能，应该争取把这些浪费的情况量化，这对实施改进计划大有好处。现场出现以上现象，一定是管理出现了问题，管理者应深入思考，认真倾听现场工作人员及管理人员的意见，把出现这些浪费的原因找出来，通过运用科学的分析工具、员工访谈、制度建立来制订改进方案。

精益管理的"精"就是少投入、少消耗资源、少花时间，尤其是要减少不可再生资源的投入和耗费，高质量；"益"就是多产出经济效益，实现企业升级的目标更加精益求精。精益管理由最初的在生产系统的管理实践成功，已经逐步延伸到企业的各项管理业务，也由最初的具体业务管理方法，上升为战略管理理念。它能够通过提高顾客满意度、降低成本、提高质量、加快流程速度和改善资本投入，使股东价值实现最大化。

　　某厂目前的设备管理方式已经不适应激烈的市场竞争需求，为了增强企业的核心竞争力，公司开始引入精益设备管理理念。本文以某厂为研究对象，提出当前精益设备管理工作的具体思路和方法，以供探讨。

　　（一）精益设备管理的具体工作思路

　　一是以标准化为基础，以 TNPM（全面规范化生产维护）为工具，不断完善设备操作保养、点检润滑、维护维修标准，实施规范化的设备操作保养、维护维修模式，推行自主维护理念，积极开展设备改进与技术创新。二是建立以精细点检为核心，以预防维修为抓手的设备保障体系，实现设备在生产加工过程中的效率最大化、参数最优化、成本最低化的可靠控制，为生产管理精益化提供有力保障。三是以细化管理、减少冗余、提高效率为目的，夯实、规范设备基础管理，形成具有特色的设备管理体系。

　　（二）精益设备管理的工作任务

　　1. 精确数据管理

　　一是依托 ERP、MES（一套面向制造企业车间执行层的生产信息化管理系统）等设备管理信息化系统的建设逐步形成规范、完整的设备台账及设备维修、保养数据，初步建立设备基础管理数据库，为实现设备全生命周期管理奠定基础。二是按照设备档案管理办法要求，通过档案室查阅、厂家索取等方式，全面整理设备档案，建立一套完善、齐全的设备技术档案，形成完整的设备技术档案库。三是依托 TNPM 设备管理工具的应用完善设备故障管理标准体系，进一步夯实"六源"、TNPM、OPS（一种计算模块插件格式）、故障统计信息相关数据的真实性、全面性，为设备预防维修提供翔实的基础资料。四是结合对标创优指标及一流工厂评价标准，强化设备管理目标指标的统计分析工作，找出存在的薄弱环节，制订相关控制措施，促进设备管理绩效的改进提升。五是建立设备零配件生命周期管理办法，展开零配件生命周期管理基础数据的统计，最终形成常用零配件生命周期数据库，为控制成本和开展设备预防维修提供基础数据依据。

　　2. 精准状态预测

　　一是建立完善设备技术标准，为精确设备状态预测提供可靠的理论依据及适合的操作方法。二是做实设备点检工作，通过细化设备点检、润滑、维修保养、轮保等设备基础管理要求，优化工作流程，完善检查考核机制，落实设备点检的二级检查制度，加强对设备点检质量进行考核及追溯，确保设备点检工作到点、做实、达效，通过点检数据达到及时预测设备运行状态的目的。三是细化设备点检问题反馈处理流程，形成"设备维修需求单"传递制度，确保设备点检发现的问题责任明确、分析到位、处理到位、预防控制措施到位、检查验证到位，充分发挥设备点检对提升设备运行状态的积极作用，实现设备故障闭环管理。四是引入设备点检、状态预测检测工具，提高设备故障预测能力。五是应用 TNPM 工具开展设备故障统计分析工作，为设备预防维修提供数据支撑。

3. 精心维护保养

一是完善设备轮保、检修的监督检查机制，确保设备轮保、检修计划方案可行、内容具体、责任到位、过程可控、工作有效。二是探索建立设备生产准备班制度，为首班设备稳定运行奠定基础。三是通过对设备运行操作、维护、点检、润滑、检修等过程的执行进行现场验证，确保监督、检查形成闭环，提高处理故障质量。四是开展设备自主维护工作，明确设备自主维护管理的要求，优化完成自主维护基准书模板，在此基础上逐步推广至各车间所有主要设备，最终促使各车间建立完善的主要设备自主维护管理手册。五是做好设备检修、故障处理的过程管控工作，提高工作质量和最终效果。

4. 精实绩效管理

一是制订结合现有的设备管理三、四级文件，国家局、公司要求，工厂经济责任制相关考核要求以及目标指标数据库《设备管理评价考核细则》，为开展设备精益化管理理念的执行奠定基础。二是做实设备绩效评价工作。设备绩效评价由过程评价及结果评价两部分组成，过程评价主要通过生产调度进行日常过程停机统计、设备技术员进行数采系统数据分析结果两部分体现，结果评价主要通过设备技术员进行周检查、月度综合检查结果两部分体现。所有评价结果应确保有据可查、依据充分、实施清楚、评价规范，必要时应让责任部门签字确认或拍照留证。同时由设备技术员按要求对评价中存在的问题进行跟踪验证，持续提升设备绩效目标管控水平。

5. 精算成本控制

一是完善管理标准，对在用设备改造相关流程进行规范，杜绝零配件的浪费，同时建立修旧利废管理制度，通过奖惩激励机制，正确引导做好维修费用的管控。二是细化零配件管理，在确保正常运行的情况下实行库存限额管理，同时严格零配件计划审核，各部门报送总成件、改造件、大额件时必须提供相关说明或可行性分析。

6. 精干队伍建设

一是采用请进来、走出去的培养方式，拓宽人才培养通道，结合 TNPM 咨询服务的开展，组织员工学习先进的设备管理理念、方法，进一步转变员工的思维模式，逐步提升一线员工发现问题、解决问题的能力。二是组织各部门设备主管学习设备精益管理理念、方法，转变我厂目前的设备管理模式，为开展精益设备管理奠定基础。三是加强对基层操作维修人员管理知识、实操技能的培训，进一步提升员工的业务技能。四是每年度对部门优秀改善案例（OPL，单点课程）进行统计、汇总，形成部门改善案例库，作为员工培训资料展开培训。五是建立平台，加强技术资料、先进经验技术的共享及传播。

总之，精益管理是一项艰巨的系统工程，"先进技术支撑设备管理精益化"是推动企业持续健康发展的根本保障，必须全员统一思想，提高认识，敢于创新，勇于实践，进一步厘清工作思路，夯实工作措施，使设备管理工作更加规范化，努力提高设备管理的整体水平，提升设备综合效能。

第三节　信息化视阈下的精益设备管理

一、传统设备管理方法存在的问题

1. 对设备运行状态的监控力度不够

在传统设备管理中，对于一些重点设备和大型设备，设备管理人员无法及时、准确地掌握设备运行状况，往往要在设备发生故障后才去进行"复习""补课"，无法做到基于设备状态的检测、预知维修，也无法实现设备的动态检修、动态管理。

2. 成本计算不准确，控制能力差

在现代企业的生产运营中，成本已经成为关系到企业生存和发展的重要指标。传统的设备管理只能采用人工核算的方式计算产品成本，其中零部件成本、能源成本等往往都无法计算。成本费用的分摊很粗糙，大量的成本数据采集都是人工归集的，数据的准确性很差，使得成本计算不准确。这样的方式无法进行标准成本计算，也无法进行成本分析，因此也就无法对设备实施有效的成本控制。

3. 信息传递速度慢，缺乏信息共享

在设备管理过程中，充分的信息交换和信息共享可以有效地提高工作效率。然而在人工管理条件下，设备信息分散，缺乏完善、准确的基础资料，信息传递不及时、不准确，管理人员之间缺乏信息共享，这严重影响了设备管理的时效性和执行力度。

4. 业务流程不合理，控制不规范

由于设备管理涉及的部门多，人员构成复杂，传统的流程中存在管理和控制不规范的情况，随意性强。

5. 缺少新思想、新方法、新技术的应用

墨守成规、故步自封，这是传统设备管理中存在的问题。随着成本不断上升、市场竞争日趋激烈，企业迫切需要一种新的方式来改善传统设备管理方式存在的弊端，让企业在保生存、求发展的道路上走得更远。

这些问题都严重地影响着企业设备管理的水平和效率，制约着企业自身竞争力的提高。所以，采用现代化的设备管理新思想、新技术和依靠信息化手段，实现企业设备管理的创新，是刻不容缓的任务。因此，基于信息化的精益设备管理是企业面对当前形势做出的必然选择。

二、精益设备管理系统

设备管理信息化系统围绕"设备资产管理"这个中心，能够为企业提供针对设备整个生命周期的跟踪管理，使设备的使用、保养、维护、改造、大修直至更新的整个生命周期得到科学的管理与控制，进而实现"经济成本可控"的目标。依靠设备信息化管理手段，还能够促进设备管理标准与技术标准的统一，促进设备管理工作的流程化、标准化、规范化，进而促进设备管理水平的全面提升。

精益设备管理系统属于精益制造系统中的子系统，主要承担其中的设备管理业务。其中，企业负责设备台账管理、设备标准管理、设备运行考核并收集传递业务数据；各生产车间负责备件管理、设备维修管理、设备保养管理、设备运行管理，并收集传递原始业务数据；班组负责收集和传递设备运行的实时数据，如下图所示。

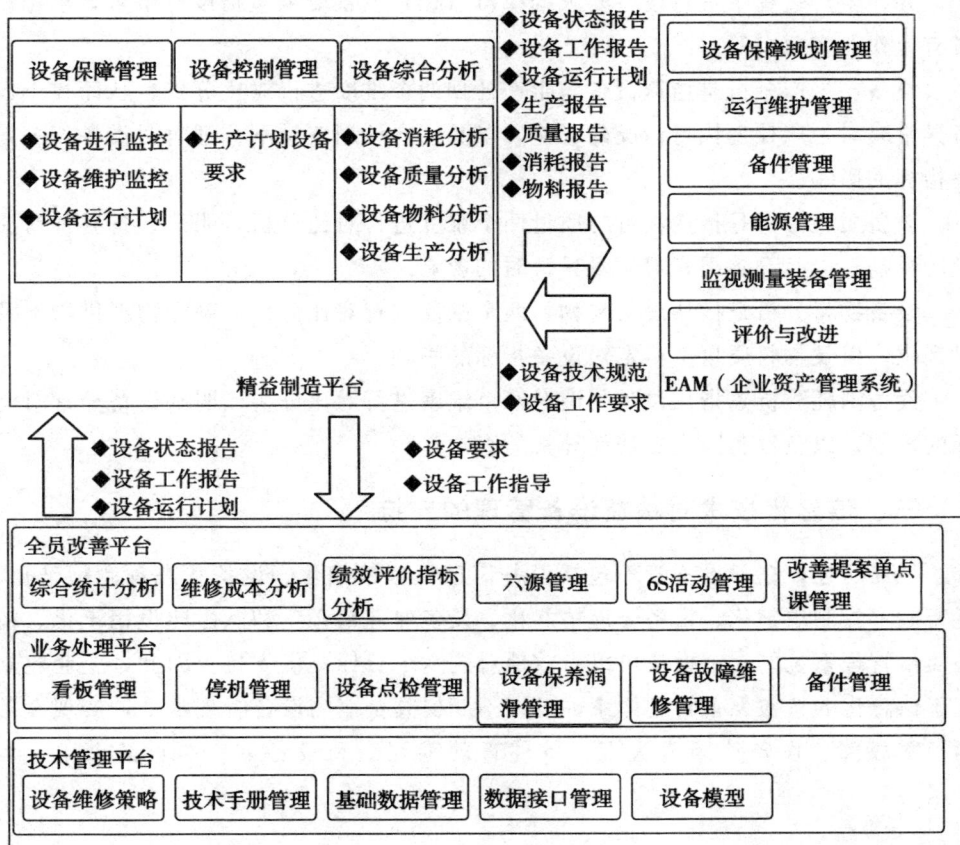

设备管理系统功能框架

设备运行计划管理是指精益制造平台对各车间 MES 提交的设备运行计划进行管理。设备运行计划是由设备管理部门根据企业实际的设备运维保养计划和日产量等信息制订的，提供给生产制造部，在精益制造平台中供排产使用。生产制造部在精益制造平台中进行设备运行计划及生产计划分析，当设备运行计划不能满足生产计划时，通过人工向车间下达设备运行计划更改建议。

设备运行状态监控是指精益制造平台接收 MES 的设备运行实时数据，并对设备进行状态监控和报警监控。对设备状态主要监视各工序、机台的停机、故障、流量、温度、湿度、转速、频率、压力等信息。

设备运维监控管理是针对设备点检、设备保养、设备润滑、设备维修的监控及评价管理。

生产计划的设备要求是指将对设备的要求与生产计划相匹配，指导工厂生产，并在生产过程中进行设备要求的执行监控；设备要求包括设备型号要求、设备有效作业率要求等。

设备与生产分析是指从设备与生产计划两个维度进行对比分析，从而找出设备异常时对生产计划执行情况的影响，以及生产计划安排不合理时对设备相关效率指标的影响。

设备质量分析是指从设备与质量两个维度进行对比分析，明确设备异常对质量的影响，以及设备因素对质量异常时的影响。

设备物料分析是指从设备与物料两个维度进行对比分析，确定物料供给不及时到位，以及物料质量不稳定对设备指标的影响。

设备消耗分析是指从设备与消耗两个维度进行对比分析，明确设备异常对消耗的影响，以及设备因素对消耗异常的影响。

三、信息化技术对精益设备管理的支持

如前所述，精益设备管理包括设备信息管理精细化、设备状态预测精确化、运行成本控制精细化、设备修理精准化、设备保养精心化和队伍建设精干化。精益质量管理系统的七个模块可以有效地对这六个目标提供支持。因此，企业建立基于信息化的精益设备管理体系，可以不断提高企业的设备管理水平，实现设备运行零故障、设备诊断零失误、备件管理零冗余和设备零安全事故，如下表所示。

信息化技术对精益设备管理的支持

目　标	精益设备管理					
分目标	设备信息管理精细化	设备状态预测精确化	运行成本控制精细化	设备修理精准化	设备修养精心化	队伍建设精干化
信息化支持	设备运行计划管理＋生产计划设备要求＋设备与生产分析	设备运行状态监控＋设备质量分析	设备消耗分析	设备运维监控管理	设备物料分析	设备管理系统
效果	设备运行零故障 设备诊断零失误 备件管理零冗余 设备零安全事故					

■第七章

信息化视阈下的精益生产绩效管理

第一节 精益生产绩效管理的理论基础

一、精益生产绩效管理理论

精益生产绩效管理，以管理规范化为基础，以作业标准化、成本定额化为保证，以提升绩效为重点，以绩效最优化为目标，四者有机联系、相辅相成。其基本内涵是从专业条块分割向协同运作转变，从粗放管理向精益运营转变，实现企业整体效益最大化。精益绩效管理不同于企业一般的绩效评估，不是简单的任务管理，而是管理者和员工就工作目标与如何高效实现目标达成共识的过程。对于企业来说，事后绩效评估并不是有效的绩效管理方法，单纯的绩效评估仅仅反映过去的绩效，采用"秋后算账"的形式，只关注工作的结果；而有效的绩效管理从一开始便有计划地展开，更强调未来绩效的提升，在注重工作结果的同时不偏废工作过程，从而能够解决问题，有效地实现系统优化。

伴随着精益生产管理在制造业实践中的广泛应用和深入研究，对精益生产管理活动进行有效的规范变得越来越重要，这就迫切需要建立一个规范化的精益生产绩效管理体系。一个有效的绩效管理体系可以准确地评估精益生产技术和管理手段，为技术和管理方法的筛选以及精益生产管理效果的评价提供有效支持。

精益生产绩效管理体系对于企业具有以下重要意义：指标体系的建立是企业开展精益生产的必要步骤，可使精益生产工作得以顺利进行；可以帮助企业发现在精益生产中存在的问题，从而加以解决；精益生产绩效管理是企业绩效管理体系的重要组成部分，可以促进整个企业绩效水平的提高。因此，精益生产绩效管理体系的建立可以极大地促进精益生产的顺利实施。

二、精益生产绩效管理体系

精益生产绩效管理体系的构建，意在系统地分解、量化、细化和规范各岗位员工的工作职责和行为，并通过目标化、差异化、典型化、项目化等绩效考核方法，使员工对本岗位的操作、行为和工作结果更加清晰、明了，提升员工工作的积极性、能动性和创造性；同时，体系的构建有利于提高基层管理工作的公开性、透明度和亲和力，有助于提升企业的向心力和凝聚力，从而达到提高工作质量和工作效率、提高产品质量、降低材料消耗和提高企业竞争力的目的。

精益生产绩效管理将企业战略发展目标转化为各层级的工作计划，具体到各个部门、岗位，并建立量化的指标体系，定期对计划的落实情况进行监督考核，让员工看到自己的工作付出与绩效有直接的关系，从而调动员工的积极性，促使其努力做好本职工作，推动企业经济效益的不断提升。精益生产绩效管理的业务架构如图 7 - 1 所示。

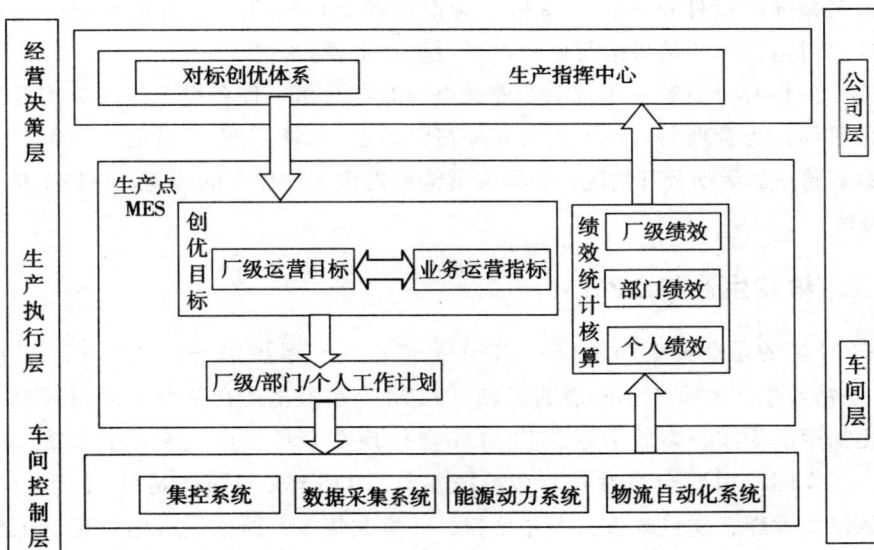

图 7 - 1　精益生产绩效管理的业务架构

三、影响精益生产绩效管理工作体系指标构建的因素

外部因素产生影响，外部因素主要是企业外部环境，企业要想获得长远与可持续发展，就需要与外部环境保持良好的平衡，通过外部环境分析，企业能够了解自身面对的机遇与威胁。内部因素影响，内部因素包括了企业管理模式与方法、人力资源管理、财务管理、创新、企业文化等。企业最宝贵的资源是人力资

源，而在新的时代环境下，企业管理工作需要了解到不同背景下员工的需要，从而予以相应激励，调动其工作的积极性，为员工创造工作的环境，提供机会，使其发挥主观能动性，从而为企业产生价值，实现自我价值。

四、企业精益管理绩效评价指标（KPI）的建立

KPI 指标体系建立的具体步骤如下，首先，需要依据职责对个体与主体因素，以及与企业整体利益相关性进行分析。其次是运用标准定义关键因素。再者是明确指标与标准、实际因素三者之间的关系。最后是对绩效指标进行具体分解。而在实际工作中，某些部门工作要想灵活处理较为困难与复杂，因此量化工作只能从时间节点与工作要求着手。比如企业财务、行政、人力资源部门人员关键性绩效指标在量化的时候就具有难度，如果单纯从职责方面量化，则与逻辑规律不相符。相反则与实际要求不相符。

KPI 指标确定应用的是 PDCA 循环法，其流程是专业人员设计关键绩效指标，公司领导对设计意见进行审核，对设计稿进行修订，交由相关部门进行讨论，针对讨论工作的结果进行修订，最后批准下发。

KPI 的核心价值就在于推动企业战略执行与分解，使各级工作人员清楚地认识工作目标，为管理与沟通工作的开展奠定基础。高层工作人员能够了解对企业经营最有价值的活动及其情况；管理人员能够发现工作存在的问题，并找出解决问题的方法。

五、精益生产与 TPM

TPM 指的是全员生产维修。TPM 是精益生产系统的子系统，也可以认为TPM 是精益生产管理工作开展的基础。TPM 与精益生产在某些方面目标是一致的，比如废品为零、事故为零。TPM 特点体现在全员、全效率、全系统。而精益生产工作同样需要全员参与、全系统参与。TPM 活动同样是以 5S 活动为基础，从设备管理、质量改善、人才培养、环境改善等方面推进。精益生产工作的开展同样需要从多个方面着手，如基于精益生产的绩效管理与 TPM 之间存在密切联系。

精益生产作为一种新的管理模式，其实质是新的管理理念，管理工作的重点在于确保产品的质量，并且兼顾产品成本，寻找二者之间的最优配置。绩效评价是绩效管理工作的一部分，绩效管理工作的开展能够在一定程度上调动员工工作的积极性，从而提升企业生产效率。精益生产绩效管理体系的建立以及应用对于企业生产工作的开展具有多方面意义。

第二节　精益生产绩效指标体系

一、精益生产绩效指标体系的内容

1. 精益生产基础指标库

精益生产基础指标库的策划与建立，根据组织架构和职责分配，采用 PDCA 循环方法，围绕企业精益生产的目标、定位、业务流程等多种因素展开。精益生产绩效指标库应涵盖生产计划、生产控制、生产消耗、生产效能、工艺质量、产品质量、质量评价、质量改进、设备费用、设备运维、备件管理、监视测量、基础管理等内容。

如图 7 - 2 所示，指标库纵向可分为三级，即公司（一级指标）、车间（二级指标）和班组（三级指标）；横向则可以按业务管控的类别分为生产组织类、工艺质量类、物料保障类、设备保障类、基础管理类、安全生产类指标。

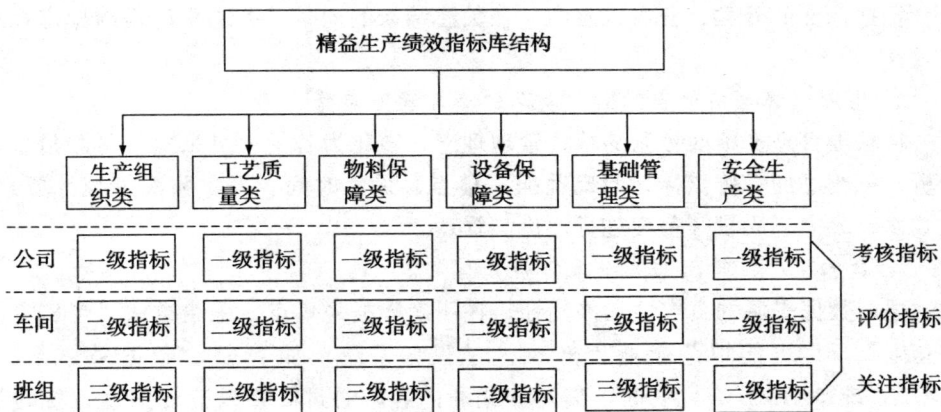

图 7 - 2　精益生产绩效指标库结构示意图

2. 精益生产的关键绩效指标

企业关键绩效指标（Key Performance Indicator，KPI）是通过对组织内部流程的输入端、输出端的关键参数进行设置、取样、计算、分析得到的，是衡量流程绩效的一种目标式量化管理指标，是把企业的战略目标分解为可操作的工作目标的工具，是企业绩效管理的基础。KPI 是用于衡量工作人员工作绩效表现的量化指标，是绩效计划的重要组成部分。KPI 可以使部门主管明确部门的主要责任，并以此为基础，明确部门人员的业绩衡量指标。建立明确的切实可行的 KPI 体系，是做好绩效管理的关键。

KPI 符合一个重要的管理原理——"二八原理"。在一个企业的价值创造过程中，存在着"80/20"的规律，即 20% 的骨干人员创造企业 80% 的价值；而且在每一位员工身上，"二八原理"同样适用，即 80% 的工作任务是由 20% 的关键行为完成的。因此，必须抓住 20% 的关键行为，对之进行分析和衡量，这样就能抓住业绩评价的重点。

精益生产的关键绩效指标从精益生产管理体系基础指标库中筛选，体现企业生产管理水平，涵盖生产组织、工艺质量、设备保障和基础管理四大核心业务。

二、精益生产绩效指标体系的特点

1. 分类、分级、分层对接的原则

将精益生产基础指标按公司、车间、班组逐级展开，使管理目标与各层次相关指标有效对接，关键指标与各相关控制参数有效对接，形成基础指标管理体系；将指标分为考核类、评价类、关注类，分类管理，重点突出，增强绩效管理的针对性和可操作性。

2. 由关注结果向关注过程转变

根据指标的分类、分级、层次，在关注结果的同时，更注重过程的稳定性和有效性。

3. 由理念管理向体现时间和效率的指标管理转变

将精细管理、精准控制的精益管理理念，转化为若干项可采集、可测量、可分析、可改进的具体指标，明确数据采集点、采集时间、采集频次等统计要素，从效率、成本、质量等角度进行评价与管理。

4. 数据由人工输入向系统采集转变

强调数据来源的真实性和准确性，在明确数据采集点、采集方法、考核方式的基础上，尽可能规范企业生产执行过程各系统（如 MES、数据采集系统、EMA 系统、LIMS 等）数据采集的方式和内容，通过设备改造或信息系统建设与升级，提高数据采集的可靠性，避免人工干预，确保数据的真实性。

第三节   精益生产绩效评价体系

精益生产绩效评价体系的特点

1. 实现实时绩效统计分析

通过生产成本核算系统，可以得出直接生产成本（物料、能源消耗）和间接生产成本（工资成本、设备折旧及管理等费用的分摊），从而计算出生产的实际成本。利用实时数据动态监控生产成本，使成本控制发生在生产过程中，而不是在生产完成后，以达到降低成本的目的。系统与企业资源管理中静态的资产管理相联结，对生产过程的中间库存和中间产品动态信息进行管理，提供成本和物流控制与管理的信息支持。成本可以落实到每个班组或个人，直接将生产成本与员工的利益挂钩，提高员工的责任心和积极性。它主要有两个方面的作用：

（1）了解生产实际消耗，可以及时发现生产成本的变化，对市场需求做出及时响应，在保证盈利的情况下，提高产品的竞争力。

（2）根据历史数据，可以确定合理的标准成本，实际成本与标准成本比较，可以作为对班组考核的工具。

2. 细化五级目标，建立层级化绩效考核体系

首先，按工作职责，将目标逐层分解、逐级细化，形成车间级、班组级、小组级、机台级、个人级"五级"目标，明确责任部门、责任领导、责任人，固化责任体系，形成自上而下的量化考核指标；其次，建立工作内容和时间交叉渗透的两条考核主线，重点内容实行专人全程督导考核，同时按各项工作的推进情况，以落实的时间和效率为依据，实行月度或季度的全面回顾和考核。各责任主体按时对工作进行自查，形成分工合作、各司其职的层级化责任绩效考核体系。

3. 设立阶梯式考核机制，丰富基层绩效考核内涵

将落实到岗位职责和工作任务中的，保证生产流程正常运转的参数、要求、规范、标准纳入基本绩效中进行管理；将支撑奋斗目标完成的各项指标、目标纳入奋斗绩效中进行管理；围绕生产、质量、设备、安全等基础工作开展的一系列创新活动，将取得较好成绩的部分纳入卓越绩效奖励中进行管理，并将其细化，其中创新类绩效包括管理创新、国家专利、技术创新、管理改善、6S 亮点等；将 QC 成果奖、无故障运行奖等纳入贡献类绩效。

第四节　信息化视阈下的精益生产绩效管理

一、传统生产绩效管理中存在的问题

1. 绩效管理理念难以落地

在建立生产绩效管理制度的过程中，企业都会根据自身特点融入各类绩效管理理念，但是在实际实施过程中，这些理念却大部分没有得到有效的贯彻实施。在很多企业的实际工作中，绩效管理仍然被缩减为简单的期末考核。绩效考核结果沟通反馈是提升员工能力、改善绩效方式的重要步骤，但是，大多数管理者往往敷衍了事，无法起到实际作用。例如，在绩效管理中强调在任务执行过程中上

下级之间的持续沟通，但没有可以执行的流程和技术（如表单等），而且监督成本非常高。

2. 复杂的人为因素影响生产绩效管理的公正性

绩效管理工作中存在复杂的人为影响因素，如宽厚误差、苛严误差、集中倾向、晕轮效应等，成为影响绩效管理公正性的主要障碍。即使企业可以通过建立绩效结果审核和申诉机制对此进行控制，但这些手段属于事后补救措施，并且其往往还需要人力资源部门耗费大量的时间、精力进行审查。

3. 生产绩效管理执行力减弱

许多企业建立了生产绩效考核制度，但执行不力，实施效果不明显。在传统的绩效管理操作方式下，非常容易发生绩效管理各环节执行不到位的问题。在导入绩效管理初期，高层重视，人力资源部积极推动，各方面普遍关注，因此执行效果较好；而随着各方面积极性的消退，绩效管理执行力度减弱，其最终将滑向形式主义。

4. 绩效管理成本较高

在传统的绩效管理方式下，绩效管理过程工作量巨大，启动并完成一次绩效考核需要耗费大量的成本。人力资源部门要发布通知、监控进程，各部门上下级之间要按指令完成相关过程，还要经过人工发放表格、被考核主体填写、表格回收、统计和计算等过程。在这些过程中出现差错难以避免，尤其是统计错误。

因此，要让绩效管理有效运转，其核心是降低绩效管理成本，提高精细化程度，保证绩效管理的有效性。显然，这是一个绩效管理成本与执行效果的悖论，因为绩效管理精细化程度提高必然引起绩效管理成本上升。而在信息化手段支持下，将流程、表单预置到信息系统中，将大量耗时费力的手工操作交给操作系统自动完成，这一矛盾就能得以解决。

二、精益生产绩效管理系统

精益生产绩效管理系统包括三大平台：绩效考核指标体系平台、绩效分析平台和数据支撑平台。

（1）绩效考核指标体系平台。按照绩效考核管理（生产计划完成率、设备有效作业率、质量合格率、能耗等考核指标）要求，建立企业全局及各生产车间的定量的绩效考核指标系统和指标管理体系，支持企业对各车间生产管理业务水平的量化评价，支持绩效考核的显性管理。

（2）绩效分析平台。实现公司、车间、班组三个层面的综合统计，就生产、设备、质量、消耗等综合性指标开展主题性分析；并与指标管理体系结合，围绕"制造能力"提升，形成主题性的分析应用。

（3）数据支撑平台。企业生产指挥系统提供绩效指标数据，实现公司层对生产车间绩效指标的管理；生产指挥系统提供生产计划执行情况数据，并对生产计划执行进度情况进行监控。

三、信息化对精益生产绩效管理的支持

如前所述，精益生产绩效管理要促进组织和个人绩效的提升，促进管理流程和业务流程的优化，保证组织战略目标的实现。精益生产绩效管理系统的三个模块可以有效地为这些目标提供支持。因此，企业建立基于信息化的精益生产绩效管理体系，可以促进企业绩效管理规范化，提高企业的效益，辅助企业实施精益管理，如下表所示。

信息化对精益生产绩效管理的支持

目　标	精益生产绩效管理		
分目标	促进组织和个人绩效的提升	促进管理流程和业务流程优化	保证组织战略目标的实现
信息化支持	绩效考核指标体系平台＋绩效分析平台	绩效分析平台＋数据支撑平台	绩效考核指标体系平台
效　果	促进企业绩效管理规范化 提高企业的效益 辅助企业实施精益管理		

四、精益生产绩效管理体系的成效

（一）使企业绩效管理模式更加规范

通过建立基于信息化的精益绩效管理体系，绩效考核由原来的单一、粗放型转变为全员、全方位、整体的系统化管理；由原来的目标不明确转变为层次分明、层级落实的目标化管理；由原来的"干与不干一个样，干多干少一个样"转变为"贡献大与贡献小不一样，质量好与质量差不一样，服务好与服务差不一样"的差异化管理；使员工有了学习的榜样和努力的目标；绩效管理重点更加明确，为企业生产经营提供有力保障。

（二）提高企业的竞争能力

精益生产绩效管理模式的创建和应用，为良好的产品质量打下了坚实的基础。"零缺陷"的产品能够更好地满足用户的需求，提高企业的声誉。实施精益生产绩效管理模式能够提高企业的管理水平，提高企业的核心竞争力，保证企业的健康发展。

（三）为企业实施精益管理、精益生产提供有力支撑

实施精益生产绩效管理模式，以实现考核目的为准，将目标进行层级化分解、化整为零，在落实责任的过程中，注重系统性。精益生产绩效管理体系的建立能够为企业实施精益管理、精益生产提供有力的支撑。

案例：中国石化贵州石油分公司"全员绩效考核"信息化管理实践

2011年以来，中国石化贵州石油分公司开始尝试开发信息系统以开展全员绩效管理工作，通过被考核对象在线进行自我评价和考评人在线进行绩效考核，采取综合管理考核、专业管理考核和挖潜增效目标考核相结合的方式，借助六大模块共11个子模块对全公司进行绩效考核。经过近两年时间的开发、试运行和系统优化，目前绩效考核信息化管理工作取得了较好的效果。

一、绩效考核信息化管理实施的背景和意义

面对企业管理精细化的新形势，公司原有的手工绩效管理方式已难以满足现代管理和发展的需要。公司各个层面的绩效考核管理基本处于单机或手工管理状态，相关信息传递均依靠人工完成，无法对考核情况和结果及时进行全面的统计、查询及分析评价。这在一定程度上制约了公司绩效管理的发展，不利于企业应对竞争激烈的市场环境。省公司无法及时掌握二级及以下单位对下属单位的考核情况，导致了二级及以下单位与全省系统考核导向出现偏差后信息反馈不及时，绩效考核出现的问题得不到及时解决。

为适应现在及未来发展的要求，公司依托现代信息技术，率先在油品销售企业系统内开展全员绩效考核管理信息系统试点工作，将传统的手工绩效考核模式进行标准化、系统化、信息化，实现全员绩效考核工作及时、高效、公开，满足公司不断发展壮大的需要。

数字绩效管理平台主要在收集、汇总、规划现有绩效考核数据的基础上建立绩效考核基础数据库，并通过集中管理和维护，达到信息共享、资源共享的目的，并为公司绩效考核评价体系提供保障，确保绩效管理制度得以贯彻执行。

二、全员绩效考核信息化管理的特点

1. 实现"在线"考核

通过科学、合理构建信息系统，使实际应用具有全面性、动态性，考核单位和被考核单位可实施到组织的最末梢。通过在信息系统中建立考核组织架构，利用公司现有的计算机及网络设备，不同地区的考核单位，如地市公司、油库、加油站用户，均可以通过客户端远程登录绩效考核信息系统，在规定的时间内对被考核对象实施在线考核评价。

2. 实现"全方位"考核

通过信息化突出对 KPI、360 度、MBO（Management By Object，目标管理法）等考核技术的运用，能实施多角度、多层次、多对象的测评，测评手段和方法更加简便、科学，能有效满足上下级、同级和服务对象参与的全员考核的要求。利用信息化管理的手段，每一个考评人和被考核对象都可以远程登录绩效考核信息系统，实施在线考核评价或自我评价，实现了绩效考核工作的全员参与和互动。

3. 实现"标准化"考核

通过信息系统，实现了全公司工作岗位名称、工作职责、考核报表体系规范化、标准化，解决了各企业普遍存在的一人多岗和一岗多人情况带来的考核难题，极大地提高了全公司机构和人员的标准化管理水平。

4. 实现"透明化"考核

通过信息化，实现了全员绩效考核工作的及时、高效、公开。利用绩效考核信息系统，各级考核单位和被考核对象可按照系统权限范围，随时查询被考核对象以往的考核结果和存在的短板，以便更有效地实现考核对工作的导向性作用；而且，通过绩效管理信息系统平台，决策层能够将公司的战略目标进行有效分解，快速、全面地掌握公司的现状和未来，能够在大量的信息数据中，集中精力于那些对公司的发展壮大有关键作用的信息，加大管理力度，延伸管理半径，优化资源配置，实现公司短期目标和长期目标间的平衡。业务管理层能够了解本公司、本部门的绩效完成情况，通过不断沟通、反馈，并提供必要的支持、指导和帮助，与员工共同完成绩效目标，从而保证各个部门目标的实现。员工可以明确努力的方向，并通过对绩效完成情况和过程的分析，了解并查找自己存在的问题与不足，为持续改进绩效提供帮助，从而可以更好地完成绩效目标。

三、项目的成效

自实施全员绩效考核信息化管理以来，公司的各项经营业绩大幅度提升，各项绩效考核指标总体完成情况良好，纳入集团公司绩效考核责任书的指标完成均明显超过了年度目标值。企业经营管理水平得到有效提升。

1. 企业风险得到有效控制

近年来，公司以开展"我要安全"主题活动为契机，围绕以"网络、市场、商品、生产安全＋廉洁自律"为重点的"4＋1"安全创优活动，抓住薄弱环节，解决影响安全生产的突出问题，体现"安全是全员的第一需求""安全是全员的自觉认同""安全是全员的应尽责任""消除不安全行为是员工自我保护的第一需要"，使安全管理迈上新台阶。2011 年，公司再次获得集团公司年度安全生产先进单位表彰。

2. 人力资源配置全面优化

公司合理运用绩效考核信息化结果，以考核结果反馈的信息为基础，按照"公平、公正、公开、竞争、择优、透明"和"靠得住、有本领、能干事、干成事"的原则，通过演讲、考试、专家测评、民主测评等程序，对中层管理人员和主管、副主管及一般员工进行了竞聘、聘任，进一步优化了人力资源配置，形成了任人唯贤、任人唯能的用人机制。做到了讲究方法、讲究实效，重品行、重能力、重评议，人尽其才、才尽其用，使干部队伍老、中、青搭配合理，形成梯队。同时，公司在用人上做到了求精减、求效率，既优化了管理队伍，又使工作效率和经营业绩逐年提升，充分体现了公司实施全员绩效考核管理的成果。

3. 形成"以全员绩效为中心"的企业文化

在实施全员绩效考核信息化管理的过程中，公司通过不断总结和提炼，逐渐形成了"以全员绩效为中心"的企业文化，在贯彻落实集团总部"见红旗就扛，有第一就争"文化理念的同时，强化"比、学、赶、帮、超"意识，充分调动各级员工的积极性，加强责任心，给员工清晰、具体的行为导向，最终形成高效率、高效益、高效果的公司绩效文化。

■参 考 文 献

[1] 大野耐一. 丰田生产方式 [M]. 谢克俭, 李颖秋, 译. 北京：中国铁道出版社, 2014.

[2] 詹姆斯 P. 沃麦克, 丹尼尔 T. 琼斯, 丹尼尔·鲁斯. 改变世界的机器：精益生产之道 [M]. 余锋, 张冬, 陶建刚, 译. 北京：机械工业出版社, 2015.

[3] 詹姆斯·P. 沃麦克, 丹尼尔·T. 琼斯. 精益思想 [M]. 沈希瑾, 张文杰, 李京生, 译. 北京：机械工业出版社, 2011.

[4] 杨建宏, 黄华, 顾卫民. 精益生产实战应用 [M]. 北京：经济管理出版社, 2010.

[5] 刘树华, 鲁建厦, 王家尧. 精益生产 [M]. 北京：机械工业出版社, 2010.

[6] 李冠, 何明祥, 徐建国. 现代企业信息化与管理 [M]. 北京：清华大学出版社, 2014.

[7] 陈荣秋, 马士华. 生产与运作管理 [M]. 北京：高等教育出版社, 2009.

[8] 万军. 制造质量控制方法与应用 [M]. 北京：机械工业出版社, 2011.

[9] 冯成平, 耿云. 蓝色管理：破解西方管理本源 [M]. 北京：东方出版社, 2008.

[10] 胡君辰, 宋源. 绩效管理 [M]. 成都：四川人民出版社, 2008.

[11] 陈春花, 曹洲涛, 李洁芳. 企业文化：第 2 版 [M]. 北京：机械工业出版社, 2013.

[12] 朱高峰. 新世纪如何提高和发展我国制造业 [J]. 机电产品开发与创新, 2003 (2)：4-6.

[13] 朱高峰, 郭重庆, 胡启恒, 等. 全球化时代的中国制造 [M]. 北京：社会科学文献出版社, 2003.

[14] 雷源忠. 现代制造科学的新发展 [J]. 中国机械工程, 1999, 10 (009)：962-965.

[15] 阎树田, 田波. 论现代化与中国制造业 [J]. 工程机械, 2003, 34 (011)：20-24.

［16］赵奚，孙巍. 市场结构门限效应研究——以中国制造业技术进步对市场绩效影响为例［J］. 财经问题研究，2015（2）.

［17］王春豪，张杰，马俊. 精益库存管理对企业绩效的影响研究——来自中国制造业上市公司的实证检验［J］. 管理评论，2017（05）.

［18］严福荣. 精益生产与企业绩效［J］. 合作经济与科技，2017（13）.

［19］SHAOHUA H.，FEI L.，YAN H.，et al. An on-line approach for energy efficiency monitoring of machine tools［J］. *Journal of Cleaner Production*，2012（27）：133-140.

［20］DAHMUS J.，GUTOWSKI T. An environmental analysis of machining［C］. International Mechanical Engineering Congress and Exposition. Anaheim，CA，United States：ASME，2004：643-652.

［21］ALHOURANI F.，SAXENA U. Factors affecting the implementation rates of energy and productivity recommendations in small and medium sized companies［J］. *Journal of Manufacturing Systems*，2009，28（1）：41-45.

［22］KUNPENG Z，WONGA Y S，HONG G S. Wavelet analysis of sensor signals for tool condition monitoring：A review and some new results［J］. *International Journal of Machine Tools and Manufacture*，2009，49（7-8）：537-553.